Recettes d'architecte

La cuisine

Marie-Pierre Dubois Petroff

massin

Éditions Massin
16-18, rue de l'Amiral-Mouchez
75686 Paris Cedex 14
Téléphone : 01 45 65 48 48

Avant d'être un lieu de vie agréable, la cuisine est une pièce utile et primordiale au cœur de la maison. On y stocke les aliments, on y prépare les repas, on y mange parfois. L'eau y coule sans retenue, le froid et le chaud y cohabitent en toute fraternité. Qu'elle soit petite ou grande, haute en couleur ou noir et blanc, d'esprit campagne ou ultramoderne, elle garde toujours son caractère essentiel mais son style peut être déterminant pour son utilisation future. Que vous soyez célibataire ou à la tête d'une famille nombreuse, vos besoins sont différents. C'est à vous de les déterminer avec précision pour établir un projet cohérent qui en tiendra compte tout en s'adaptant à l'espace dont vous disposez.

Déterminez vos besoins

Comme pour tout projet important, il est indispensable de se poser quelques questions avant de faire des choix. Votre cuisine doit correspondre à vos besoins, mais aussi à vos envies et à votre style de vie, en espérant que les trois soient compatibles ! Il existe en effet une multitude de possibilités pour aménager une cuisine, de la plus basique à la plus sophistiquée.

Dans la grande majorité des cas, elle contiendra un certain nombre d'appareils ménagers devenus indispensables aujourd'hui : plaque de cuisson, four, four à micro-ondes, réfrigérateur, congélateur, hotte, lave-vaisselle. Si cette liste n'est pas exhaustive, elle ne tient pas compte non plus du type des appareils qui, pour une même fonction, peuvent offrir des performances très variables, parfois quasi professionnelles. Laissez tomber les grands pianos de cuisson et les frigos américains si vous ne savez cuire que des œufs sur le plat et des pâtes !

Par contre, le four à micro-ondes est indispensable pour les célibataires pressés ou, inversement, pour les grandes familles qui stockent la nourriture dans le congélateur. Le lave-vaisselle, lui, se justifie toujours car il élimine systématiquement la corvée de vaisselle… il existe d'ailleurs en petit format pour les célibataires.

Les matériaux doivent eux aussi correspondre à votre style de vie car, au-delà de leur aspect décoratif, ils déterminent également la facilité d'entretien de la pièce.

Les rangements, toujours indispensables dans la cuisine, le seront encore davantage si vous aimez les ambiances zen ou si vous craquez régulièrement pour de nouveaux verres ou de nouvelles assiettes.

Etablissez une liste de questions qui vous seront personnelles, leurs réponses vous aideront à faire vos choix.

- Combien de personnes vont fréquenter la cuisine ? Combien vont cuisiner ?
- Avez-vous des enfants en bas âge ?
- Faites-vous souvent les courses ? Avez-vous besoin de stocker?
- Etes-vous du style "petit plat mijoté" ou "repas vite fait" ?
- Désirez-vous manger dans la cuisine ? Assis autour d'une table, ou sur le pouce ?
- La pièce disponible est-elle assez grande ou nécessite-t-elle d'être agrandie ?
- Voulez-vous isoler la cuisine ou au contraire l'ouvrir sur le reste de la maison, la salle à manger ou le séjour en particulier ?
- Disposez-vous d'une salle à manger indépendante, ou les repas se prendront-ils systématiquement côté cuisine ?
- Disposez-vous d'une cave ou d'une dépendance facilitant le rangement ?

Une fois les réponses obtenues, établissez votre propre programme. Il vous reste alors à l'intégrer dans l'espace dont vous disposez. C'est là qu'interviennent les contraintes techniques, qui sont déterminantes pour le choix de l'implantation.

Des contraintes techniques déterminées par l'implantation

Les contraintes techniques sont déterminées par le choix d'agencement que vous faites. En effet, une petite cuisine est plus facile à implanter qu'une cuisine ouverte ou équipée d'un îlot central. L'ouverture de la cuisine sur le reste de la maison peut entraîner des travaux d'importance variable selon qu'elle passe par la démolition d'une cloison ou d'un mur porteur. Dans tous les cas, elle exige un raccord de revêtement de sol qui peut devenir l'objet de créations originales. L'ouverture d'une cloison peut également supposer la dépose de circuits électriques existants ou le détournement de tuyauteries d'alimentation d'eau ou de chauffage. Evaluez bien les implications techniques avant de vous lancer dans un tel projet, et veillez à ce que l'entreprise chargée de l'exécution des travaux ait bien mesuré et chiffré l'ensemble du travail à effectuer.
L'îlot central nécessite, lui aussi, une approche technique assez sérieuse, d'autant plus s'il est équipé d'une plaque de cuisson ou d'un point d'eau. Lorsque c'est la plaque de cuisson qui est intégrée à l'îlot central, elle nécessite non seulement une alimentation électrique mais quelquefois aussi une alimentation en gaz. Ces deux alimentations s'effectuent obligatoirement par le sol et supposent donc de pouvoir décaisser un peu celui-ci, ce qui est un désavantage incontournable dans un appartement, à moins de surélever l'îlot central grâce à un podium. Le positionnement de la cuisson en îlot central implique en outre la mise en place d'une hotte centrale, a priori suspendue au plafond. Il est important de s'assurer, là aussi, que la chose est réalisable et que l'accrochage est possible (attention aux faux plafonds qui compliquent encore davantage l'accrochage). La mise en place de l'évier en îlot central est également très technique car elle suppose, elle aussi, l'encastrement dans le sol des alimentations et évacuation d'eau, cette dernière supposant une pente minimale qui implique dans la grande majorité des cas l'existence d'un sous-sol.

Faites-en un véritable lieu de vie

La cuisine est une pièce technique et utile, mais nous rêvons tous d'en faire une pièce agréable où il fait bon flâner et se retrouver, peut-être parce que le temps nous manque souvent pour le faire… Une fois que vous aurez résolu les différents aspects pratiques et techniques liés à l'agencement, penchez-vous sur la décoration proprement dite, et ne la négligez sous aucun prétexte, car c'est elle qui donnera sa personnalité à la pièce. Soyez vrais, et, là aussi, déterminez autant que possible vos besoins et vos envies. La pièce est-elle claire et lumineuse ou plutôt triste ? Avez-vous envie de couleurs denses, vives ou plutôt claires et pastel ? Etes-vous très ordonné ou plutôt bohème ? Appréciez-vous les repas partagés autour d'une table ou préférez-vous y consacrer le moins de temps possible ? Les réponses à ce genre de questions peuvent vous aider à faire vos choix. Ainsi, si le rangement ne fait pas partie de vos priorités, vous tolérerez sûrement plus facilement le désordre apparent d'étagères ouvertes. Par contre, si vous préférez que rien ne dépasse, prévoyez des rangements à profusion ! Osez le mélange des matières et des matériaux, apportez votre touche personnelle et surtout ne vous laissez pas griser par des mouvements de mode qui ne vous conviendront peut-être pas une fois dans votre cadre de vie.
Pour que l'on ait envie de s'attarder dans la cuisine, il faut que l'on ne s'y sente pas isolé du reste de la maison. Ainsi, il est utile d'y prévoir un poste de radio intégré, de quoi écouter les infos du matin et de la musique à toute heure. Un poste de télévision peut fort bien trouver sa place dans un coin de la cuisine, à condition de la regarder en préparant les repas et non pas en mangeant…

Le recours aux professionnels

Une cuisine est une pièce technique, qui nécessite des travaux de plomberie et d'électricité assez précis pour permettre l'alimentation de nombreux appareils ménagers. Des petits travaux de maçonnerie sont souvent indispensables : enduit, carreaux de plâtre, pose de carrelage…
La pose des meubles peut être extrêmement simple, mais aussi très compliquée. Elle est très variable selon la pièce et le type d'ameublement que vous avez choisi.
Soit vous êtes spécialiste en bricolage et tout cela ne vous fait pas peur ; il suffit juste de prévoir un peu de temps ! Soit vos compétences dans ce domaine sont limitées, et il sera plus sage de faire appel à des entreprises. Si vous passez par un cuisiniste, pas de problème, il se chargera de tout et vous n'aurez en principe qu'à faire le chèque global… La plupart des grandes surfaces de décoration ne se contentent pas de vous vendre des meubles. Des spécialistes vous y conseillent et vous mettent en contact avec des entreprises a priori compétentes. N'hésitez pas à comparer les devis, en tenant compte des prix, bien sûr, mais aussi des prestations qui leur correspondent. Veillez à ce que rien ne soit oublié, car les travaux dits supplémentaires (quelquefois seulement oubliés dans le devis d'origine) sont toujours plus chers !

Cuisines et style de vie

Un sommaire thématique se trouve également sur le rabat à la fin du livre.

Petite, cette cuisine n'en est pas moins originale et créative. Les meubles sont en majorité réalisés à partir de caissons standards sur lesquels on a adapté des portes en MDF laqué.

La cuisine petit format

La petite cuisine étant malheureusement encore très fréquente, son aménagement exige beaucoup d'ingéniosité pour réussir à intégrer l'ensemble des équipements ménagers devenus indispensables. Avec un peu de créativité, elle devient vite un petit bijou, d'autant plus facilement que sa petite surface donne accès à des matériaux coûteux.

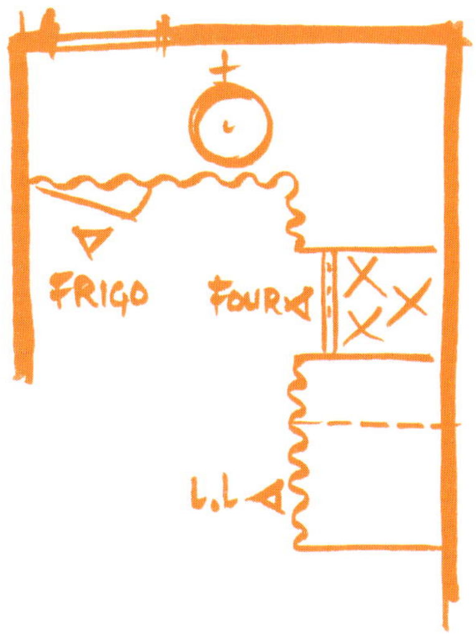

Le plan de travail en hêtre lamellé-collé se distingue par son chant ondulant et se marie harmonieusement avec l'inox de l'évier et de la crédence.

Malin, le plan de travail se soulève pour libérer l'accès au lave-linge.

La cuisine petit format

Les cuisines de petite surface sont encore malheureusement le lot d'une grande majorité de logements. Malgré l'évolution des modes de vie, bon nombre d'entre elles gardent des allures de mouchoir de poche dont la surface avoisine le plus souvent 10 m². Pourtant, nous en attendons autant d'elles que de n'importe quelle autre cuisine. Une cuisine d'aujourd'hui se doit de posséder un équipement électroménager complet comprenant four, four à micro-ondes et plaque de cuisson, réfrigérateur et souvent congélateur, évier associé au lave-vaisselle. Autant d'équipements qui nécessitent un minimum de place, souvent acquise au détriment de l'espace accordé aux rangements. C'est donc à ce stade que se pose le premier problème des petites cuisines : elles manquent systématiquement de rangements, ce qui peut compliquer la vie quotidienne. Plus que jamais, ingéniosité et imagination doivent se développer pour dénicher des solutions originales et pratiques. Il s'agit aussi de traquer la place perdue et d'exploiter chaque recoin.

Petite, mais maligne

Ainsi, en levant le nez, vous constaterez que les meubles hauts atteignent rarement le plafond, laissant ainsi un espace perdu au-dessus des meubles. Cet espace est facilement exploitable. Vous créerez des étagères intermédiaires que vous pourrez éventuellement dissimuler derrière de simples portes coulissantes suspendues sur un rail fixé au plafond. Ce système peut d'ailleurs parfaitement convenir pour dissimuler l'ensemble des rangements muraux, qui seront alors composés de simples étagères. Au ras du plafond, les rangements posent vite le problème de l'accès. Il est alors important de prévoir un petit escabeau ou un tabouret bien stable pour remédier à cet inconvénient. Sachez qu'il existe des escabeaux de cuisine spécialement adaptés à cet usage : pliables, ils se dissimulent dans la plinthe des meubles bas. Ces rangements sont bien sûr destinés aux multiples accessoires et ustensiles utilisés occasionnellement, mais qui encombrent malgré tout nos placards…

Pensez au ras du sol

Si les hauteurs sont à exploiter, le dessous des meubles l'est aussi. En effet, les traditionnels socles de meubles bas sont en principe uniquement destinés à dissimuler les pieds inesthétiques des meubles, mais ils peuvent aussi devenir de vrais trésors de rangement en se transformant en tiroirs. Plats de four, couvercles de casserole, outils de bricolage, etc., autant d'accessoires qui y trouveront leur place facilement.

Dissimulée dans un placard, la cuisine est malgré tout très complète. Seul le réfrigérateur se dissimule sous l'escalier. Dans le même esprit de gain de place, la table disparaît en se rabattant contre le mur.

Entièrement réalisée en MDF, cette cuisine se loge dans un renfoncement d'origine. Longue de seulement 2,70 m, elle paraît plus grande grâce au prolongement de l'ameublement.

Des crédences utiles

Une autre partie souvent sous-exploitée est la crédence. Ce bout de mur compris entre le plan de travail et les meubles hauts peut lui aussi devenir une véritable source de rangements. De nombreux fabricants proposent des accessoires conçus à cet effet. Ces derniers permettent d'y intégrer de nombreux objets pratiques et utiles dans la cuisine : rouleaux de papier aluminium, absorbant et autres films plastiques devenus indispensables dans nos cuisines, verres, couteaux divers, étagères pour pots à épices… L'équipement des crédences a également l'avantage de dégager les plans de travail, eux aussi réduits, par la force des choses !

Soyez créatifs !

La surface réduite des petites cuisines n'autorise pas beaucoup de fantaisie au moment de l'implantation. Celle-ci peut alors se nicher dans le choix des matériaux, qui peuvent être de haut de gamme (utilisés en petite quantité, ils deviennent plus abordables), ou tout simplement étonnants. Une mise en couleur un peu audacieuse peut également donner tout son caractère à une minuscule cuisine et la transformer en petit bijou.

Des portes pliantes dissimulent les rangements mais aussi le four, la plaque de cuisson et sa hotte. L'ouverture est intégrale et facilite l'accès. Un plan bar dissimule l'évier placé en vis-à-vis.

L'Inox®

Très présent dans la décoration des années 70, l'inox s'est fait plus discret pendant quelques années avant de revenir en force dans la cuisine en particulier. Il est à noter cependant qu'il n'a jamais quitté les cuisines professionnelles, dans lesquelles il reste incontournable.

Des qualités exceptionnelles

Il n'existe pas un seul inox, mais toute une famille, composée d'aciers auxquels on a ajouté du chrome et parfois du nickel. Cette opération a le mérite de les rendre inoxydables (d'où leur nom !). Résistant à la corrosion, l'inox ne se pique pas, contrairement aux objets dits chromés, dont la couche superficielle de chrome plus ou moins épaisse est susceptible de se dégrader au fil du temps. Traité dans la masse, l'inox est trempé comme le verre du même nom, ce qui signifie qu'il est refroidi brutalement à l'eau, à l'air ou à l'huile, après avoir été chauffé. Ce traitement le rend extrêmement résistant et lui garantit une durée de vie quasi illimitée. Il existe plusieurs qualités d'inox, dont les prix sont variables. Parmi les plus courants, le 18-10, composé de 18% de chrome et de 10% de nickel utilisé pour la fabrication de plats et d'éviers, et le 18-0, qui ne contient pas de nickel et concerne plutôt la fabrication des casseroles ou des cocottes. Les couverts de table sont fabriqués en inox 18-10 ou 13 (13% de chrome), selon leur degré de ciselage.

Un matériau alimentaire

L'une des principales qualité de l'inox, qui en fait un matériau de choix pour la cuisine, est sa neutralité chimique. En effet, les aliments ne risquant pas de se dénaturer à son contact, il compose des plans de travail, des éviers et des récipients au-dessus de tout soupçon. C'est d'ailleurs pour cette raison qu'il est devenu le matériau de prédilection de l'industrie agroalimentaire et qu'il satisfait les normes européennes en vigueur.

Des atouts décoratifs

Depuis quelques années, les industriels se sont appliqués à donner de nouveaux aspects à l'inox afin de le rendre aussi beau que résistant. Brut, poli ou brossé, finition "cuir", tramée ou façon velours,

Tout inox pour ce plan et son piano de cuisson. Particulièrement soigné, le plan de travail comprend des angles coupés repoussés à la main.

Décliné en plan de travail, façades de meuble et accessoires, l'inox se marie intimement au bois pour composer un ensemble graphique très contemporain.

les finitions de surface se multiplient pour stimuler l'imagination. L'inox inspire des ambiances dépouillées, sobres, et toujours contemporaines. Lorsqu'il est dominant dans la cuisine, il inspire immédiatement les cuisines professionnelles. Utilisé par touches, il se réchauffe volontiers au contact du bois et se décline dans de nombreux accessoires, de l'habillage de crédence au robot ménager en passant par les ustensiles et les poignées de porte.

Les défauts de ses qualités

En dépit de toutes ces qualités, l'inox a encore un certain nombre d'opposants, qui lui reprochent avant tout d'être particulièrement salissant et très sensible aux rayures. Il est vrai que l'inox, quand il est lisse, révèle facilement les traces de doigts et les traces d'eau, défaut qui séduira les obsédés de l'hygiène car il laisse apparaître ce qui reste invisible sur bien d'autres matériaux. Il est également vrai que l'inox se raye facilement, mais on a coutume de considérer que si la première rayure est douloureuse, les suivantes patinent le métal. De plus, tous les inox texturés et possédant un léger relief n'ont pas cet inconvénient et supportent les nettoyages les plus énergiques.

Plan de travail et évier sont réalisés d'un seul tenant dans la même plaque d'inox, ce qui facilite l'entretien et garantit une bonne tenue dans le temps.

Attention, ne confondez pas l'inox avec l'aluminium car, malgré quelques similitudes d'aspect, l'aluminium est plus léger que l'inox, plus souple, mais beaucoup moins résistant. En outre, n'étant pas chimiquement neutre, son contact avec les aliments est fortement déconseillé, voire interdit dans les cuisines professionnelles.

L'inox et le bois se valorisent mutuellement dans cette cuisine contemporaine à l'allure sophistiquée.

La couleur

La couleur est entrée dans la cuisine, comme dans le reste de la maison, par l'intermédiaire des couleurs pastels. Ni denses, ni franches, ces couleurs que l'on a quelquefois du mal à nommer ont longtemps dominé le monde des ustensiles, des appareils ménagers et des différents accessoires indispensables dans une cuisine. C'est le monde de la publicité en particulier qui a permis de faire vaciller ces habitudes un peu tristounettes. Aujourd'hui, rares sont les domaines du quotidien qui refusent les vraies couleurs et la cuisine n'échappe heureusement pas à cette tendance. On notera cependant que la profusion de couleurs vives a paradoxalement valorisé l'axe blanc-gris-noir qui s'illustre encore dans des cuisines à l'esprit "labo".

L'atmosphère traditionnelle de cette cuisine est relevée par l'harmonie de couleurs denses présente sur le carrelage et les meubles.

Ce sont les azulejos qui donnent tout son caractère à cette cuisine, dont ils déterminent l'harmonie bicolore.

Chacun ses goûts...

La couleur a depuis toujours une valeur subjective, déterminée par la géographie, la culture et l'éducation. Les couleurs toniques et gaies des uns sont parfois interprétées comme étant criardes et vulgaires pour d'autres, et inversement ! Tout est affaire de goût... Malgré tout, les couleurs franches et toniques sont aujourd'hui perçues comme un signe de modernité, car elles illustrent une réaction à ces teintes pastels délavées dans lesquelles nous avons baigné pendant des années. Il est important de doser l'utilisation des couleurs franches car leur densité peut devenir écrasante si elles sont utilisées sans modération. D'autre part, faites attention aux choix dictés par la mode car la durée de vie d'une cuisine est longue (au moins dix ans) et, c'est bien connu, il n'y a que la mode qui se démode...

La couleur par touches

Si vous souhaitez introduire de la couleur dans votre cuisine, plusieurs supports s'offrent à vous. Certains, comme les meubles ou le sol, ont un aspect plus définitif (relatif, mais d'une durée de dix à quinze ans au moins), d'autres comme les plans de travail, les crédences ou les murs peuvent plus facilement faire l'objet de transformation en cas de lassitude. En effet, des plans de travail se changent facilement sans que cela ne représente de gros travaux ni un gros budget. Il en est de même pour les crédences et les murs, que l'on déshabille et rhabille avec facilité. La couleur peut également être introduite dans la cuisine par l'intermédiaire des appareils électroménagers, que l'on trouve aujourd'hui dans des gammes de couleurs très toniques.

Le goût des couleurs

L'utilisation de la couleur dans la cuisine est très liée à la symbolique alimentaire, par mimétisme et de plus en plus par complémentarité. En effet, de nombreux aliments s'inscrivent dans la gamme des jaunes, des verts, des blancs et des rouges, couleurs fréquemment employées en décoration dans la cuisine. Par contre, on ne recense aucun aliment dans la gamme des bleus, qui deviennent par conséquent de véritables faire-valoir pour n'importe quel aliment. Pour qui aime les harmonies colorées, quoi de plus tonique qu'une salade verte ou des rondelles de tomate présentées dans une assiette bleue ? L'univers de la table devient un domaine privilégié pour les jeux de couleurs et influence forcément l'esprit de la cuisine, en particulier lorsque les repas s'y prennent quotidiennement.

Un mariage audacieux de framboise et de pistache pour une atmosphère colorée jamais triste.

DÉCORATION

PRATIQUE

Les rangements

Double face pour cette cloison semi-vitrée, qui intègre de nombreux rangements pour la plupart accessibles des deux côtés. L'ouverture des portes fait aussi office de passe-plat.

Pleins de charme, ces tiroirs sont aussi très pratiques puisque les vanneries sont fixées sur des plateaux coulissants bordés d'une prise de main en bois.

Les éléments hauts sont exclusivement composés d'étagères ouvertes. Un choix qui permet d'avoir tout à portée de main et de vue.

Des meubles bas particulièrement complets grâce à la niche ouverte qui les surplombe, et aux tiroirs, très utiles en partie basse.

Portes fermées pour le bas, vitrées et abattantes pour le haut, qui se consacre ainsi aux objets et aux accessoires plus esthétiques.

Les rangements sont essentiels dans la cuisine. Ils doivent répondre à de nombreux besoins : vaisselle et verres, ustensiles utiles ou plus occasionnels, casseroles, cocottes et poêles, petits et gros électroménagers, sans oublier tout ce qui concerne l'alimentaire : épicerie, condiments, bouteilles diverses… de quoi s'arracher les cheveux lorsque la cuisine est petite ! Pensez à rentabiliser vos rangements le plus possible et respectez quelques règles de logique importantes pour l'aspect pratique.

De la logique avant tout

Dans un premier temps, pensez à ranger vos ustensiles à proximité de leur poste d'utilisation : les casseroles se logeront de préférence dans des tiroirs télescopiques sous la plaque de cuisson ou le four, ou au moins à proximité ; la vaisselle courante (d'usage quotidien) et les verres se placeront plutôt en hauteur et à proximité du lave-vaisselle (ce qui en facilitera le vidage) ; les produits d'entretien et la poubelle se logent souvent sous l'évier (attention à la sécurité des enfants) ; les épices et les condiments se rangent de préférence à proximité de la plaque de cuisson… Réservez les rangements les plus pratiques et les plus accessibles aux objets d'usage quotidien, les ustensiles occasionnels se contenteront du dessus des meubles hauts. Organisez votre rangement en fonction de votre propre taille : privilégiez les meubles bas si vous êtes petits, et inversement multipliez les rangements en hauteur si vous êtes grands.

Les ressources de la crédence

La crédence correspond à ce bout de mur compris entre les meubles bas et les meubles hauts. Elle est souvent décorative mais peut également être très pratique. Doublé par des panneaux coulissants ou des volets rabattables, ce bout de mur d'environ 50 cm de hauteur peut devenir une véritable mine de rangements qui peut même contenir des appareils électroménagers (cafetière, robot, mixer…) si la profondeur le permet. Prévoyez alors d'équiper le mur avec des prises électriques. Ce type de rangement s'obtient en général en empiétant sur la profondeur du plan de travail. Un tel aménagement se prévoit donc dès la conception de la cuisine, en augmentant la profondeur traditionnelle du plan (le plus souvent 60 cm) en fonction de la profondeur des rangements souhaités. Plus simplement, la crédence devient souvent le support de nombreux accrochages, grâce aux accessoires très variés disponibles dans le commerce : des simples crochets pour la batterie de cuisine au pupitre pour livre de cuisine en passant par les portes rouleaux essuie-tout ou aluminium.

La vie cachée des socles

Dans le cadre d'une cuisine aménagée, les pieds des meubles bas disparaissent en général derrière des socles clipsés. Le plus souvent simples bandeaux décoratifs, ces socles peuvent aussi dissimuler des tiroirs bien pratiques (plats de four, couvercles de casseroles, petit outillage de bricolage…) et même un escabeau pliant, particulièrement utile si la cuisine est équipée de meubles de grande hauteur.

Etagères ouvertes, les + et les –

Les étagères ouvertes ont un intérêt esthétique indiscutable. Leur présence permet d'animer les façades de meubles et met en valeur de la vaisselle ou des objets particulièrement décoratifs. Mais attention, l'activité d'une cuisine produit beaucoup de vapeur et de graisses, qui se déposeront immanquablement sur tous les objets à l'air libre, avec pour effet secondaire d'accrocher davantage la poussière. Si vous faites partie de ceux qui aiment que tout étincelle dans la maison, prévoyez quelques heures de ménage très régulières… ou enfermez votre vaisselle derrière des portes ! Une solution intermédiaire consiste à ranger sur des étagères ouvertes uniquement de la vaisselle ou des verres dont l'usage quotidien en assure le roulement : la fréquence de leur utilisation (et donc de leur lavage) les met à l'abri des dépôts de poussière.

L'évier

L'évier traditionnel en émail blanc s'intègre dans le plan de faible profondeur entièrement carrelé, et s'équipe d'une robinetterie murale particulièrement adaptée à la situation.

S'il est un équipement fortement sollicité dans la cuisine, c'est bien l'évier et sa robinetterie !
Pour se laver les mains ou pour laver les légumes, pour préparer les repas ou laver la vaisselle, l'eau coule à flots à longueur de journée dans nos cuisines jusqu'à ce que parfois nous en oublions sa valeur... Elément stratégique de la pièce, aujourd'hui l'évier s'additionne quasi systématiquement d'un lave-vaisselle, l'ensemble prenant des allures de véritable centre de lavage.

Où placer l'évier dans la cuisine ?

La situation de l'évier dans la pièce est extrêmement importante car son usage est lié à toutes les activités exercées dans la cuisine : sa position doit donc être centrale. Il doit faire le lien entre les différents équipements électroménagers. L'évier s'implante encore fréquemment sous la fenêtre afin de bénéficier de la lumière naturelle. L'ouverture de celle-ci doit être compatible avec la présence du robinet. Grâce aux perfectionnements des systèmes d'éclairage, l'évier abandonne de plus en plus souvent cette situation pour se loger dans un angle ou sur un plan avancé.

Combien de cuves ?

Le nombre de cuves peut être déterminé par la place disponible mais en règle générale, deux cuves paraissent indispensables sur le plan pratique. Les fabricants multiplient les modèles d'évier et la forme des cuves, créant souvent de multiples petites cuves à la place de deux grandes. Restons pratiques, une grande cuve est indispensable, ne serait-ce que pour laver les grilles du four ou les grosses cocottes. La deuxième cuve peut alors être plus petite. Certains accessoires proposés peuvent être pratiques (panier égouttoir, planche à découper...) mais ils restent avant tout... accessoires, et risquent d'encombrer vos placards !

Quel matériau choisir ?

Le grès et l'inox sont des grands classiques. Le premier est traditionnel par définition. Il est résistant mais s'ébrèche sous l'effet d'un choc violent. Par contre, dans un combat contre la vaisselle, c'est toujours lui qui gagne... L'inox est beaucoup plus souple. Proposé en général en 18-10 (18% de chrome et 10% de nickel), il vieillit mieux et ne craint pas les rayures lorsqu'il est brossé (aspect satiné) ou texturé (à légers reliefs). Après avoir connu une petite perte de vitesse, il revient en force dans la cuisine, autant pour son aspect "pro" que pour son allure contemporaine. L'acier émaillé est à proscrire : beaucoup trop fragile. La fonte émaillée a l'avantage d'offrir de belles couleurs profondes. Plus pointus, le cuivre

Placer un évier dans un angle n'est plus un problème, grâce à la créativité des fabricants.

Une cuve en inox fixée sous la découpe du plan en pierre remplace avantageusement la traditionnelle pierre à évier souvent peu profonde, donc peu pratique.

La profondeur du plan, déterminée par celle du renfoncement de la fenêtre permet d'y placer l'évier sans que la robinetterie soit une gêne pour son ouverture.

et le laiton conviennent à des ambiances rustiques, tandis que la terre cuite émaillée se marie avec bonheur aux plans carrelés à la provençale. Nouveaux venus, les matériaux de synthèse ont fait une belle percée depuis une dizaine d'années. Leur composition varie selon les fabricants, mais ils ont globalement les mêmes atouts. Ils sont résistants, teintés dans la masse, et leur aspect (plus ou moins brillant) peut varier selon le type de fabrication. Leurs formes sont très diverses, mais leur prix reste encore assez élevé.

Quel type de pose ?

On distingue l'évier à encastrer et l'évier à poser. Qu'il possède une ou deux cuves, l'évier à encastrer se pose sur le plan de travail préalablement découpé, pour permettre le passage des cuves. Certains modèles d'évier sont adaptés pour être fixés sous le plan, qui vient alors en recouvrement des cuves. Il s'agit en général de cuves individuelles. L'effet est particulièrement esthétique, l'entretien plus facile (il n'y a plus de rebord entre l'évier et le plan), mais il est souvent plus coûteux. Comme son nom l'indique, l'évier à poser s'installe directement sur un meuble. Inspiré des premiers timbres d'office, il est aujourd'hui repensé dans une optique beaucoup plus contemporaine.

Cet équipement complet, situé en tête d'évier, nécessite une profondeur de plan supérieure à 60 cm.

Longue de plus de 4 mètres, c'est la cuisine couloir par excellence, dont l'étirement est accentué par l'horizontalité de l'ameublement.

La cuisine linéaire

C'est la cuisine couloir, celle qui s'étire en longueur. Elle n'est pas toujours facile à agencer car elle engendre souvent l'ennui. Que l'on choisisse d'en accentuer l'effet ou de le modérer, un peu d'imagination peut en faire une cuisine pratique et pas forcément triste.

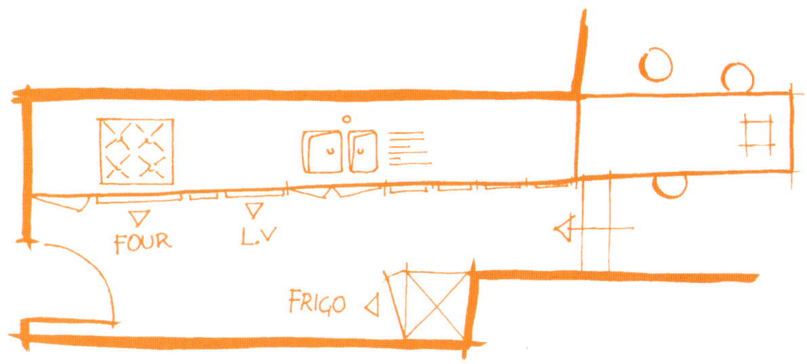

La faible largeur de la pièce n'autorise l'agencement que d'un seul pan de mur.

Très graphique, le plan de travail en pierre calcaire se décroche en écho à la différence de niveau du sol, créant ainsi des casiers à bouteilles, ce qui est toujours pratique.

IMPLANTATION

La cuisine linéaire

La cuisine couloir, dite aussi "en ligne", est sans doute la moins conviviale des implantations.

Elle est le plus souvent imposée par la configuration d'une pièce tout en longueur qui laisse peu de place aux fantaisies d'agencement. Elle est aussi parfois un véritable choix : pour certains, la cuisine doit avant tout être utilitaire et occuper le moins de place possible.

Dans les deux cas, elle doit avant tout être pratique et fonctionnelle, et il n'est pas question d'en faire un lieu de retrouvailles familiales. Son principe est simple : tous les meubles et les appareils ménagers s'alignent le long d'un unique pan de mur. A l'extrême, une telle cuisine peut se loger dans un placard, derrière des portes coulissantes.

Cette cuisine linéaire est aussi un véritable couloir, inondé de lumière grâce à la grande baie vitrée. Le parquet conservé fait mieux accepter sa double fonction.

Une longueur minimale

Pour rendre un tel agencement vraiment pratique, il est indispensable de ménager suffisamment d'espace entre les différents appareils ménagers : une plaque de cuisson nécessite un minimum de place de part et d'autre, ne serait-ce que pour les manches de casseroles. Dans le même ordre d'idée, l'évier a également besoin d'un espace suffisant pour que la vaisselle puisse s'égoutter. Un agencement compact comprenant un réfrigérateur, une plaque de cuisson et un four (une cuisinière), un lave-vaisselle et un évier à un bac nécessite déjà une longueur minimale de 2,40 m, chaque équipement occupant 0,60 m de largeur. Si 2,40 m permettent de loger tous ces appareils, ils ne suffisent pas pour offrir des rangements (un meuble bas sous évier de 60 cm et 1,20 m pour les rangements en hauteur) et un plan de travail satisfaisants. Pour être vraiment pratique, une cuisine en ligne doit s'offrir au moins 1 m de plus, soit 3,60 m : l'effet couloir est incontournable !

Conçus comme de véritables unités indépendantes, le bloc cuisson et le bloc eau se positionnent côte à côte pour créer un agencement linéaire.

Le double effet du couloir

Il se peut qu'une pièce tout en longueur soit suffisamment large pour permettre l'aménagement des deux pans de mur face à face. Sachez que, dans ce cas, une largeur de passage de 1,20 m entre les deux agencements de meubles est un minimum : il ne faut pas qu'un lave-vaisselle ou un four ouvert bloque le passage! Préférez les portes de petite largeur (40 ou 50 cm) moins encombrantes en position ouverte. Enfin, pensez aux miroirs, peu présents habituellement dans les cuisines. Ils n'ont pas leur pareil pour multiplier l'espace et la lumière. Placés en crédence, ils nécessiteront un peu d'entretien (mais pas tant que cela !) et doubleront la largeur de la pièce.

Cette toute petite cuisine s'équipe malgré tout sur trois côtés grâce à la faible profondeur des plans qui libère un passage central d'environ 60 cm.

Suffisamment large pour être équipée sur deux pans de mur, cette cuisine semble moins étroite grâce à la perspective qu'elle offre sur le jardin.

Renforcer ou adoucir

Côté décoration, deux options sont envisageables : accentuer la rigueur de l'effet couloir ou, au contraire, l'atténuer. Dans le premier cas, beaucoup de blanc et des matériaux froids à l'aspect lisse et brillant (inox, chrome, laque, pierre polie...) donneront un caractère laboratoire à la cuisine et une image aseptisée assez forte. Attention, qui dit surface lisse et brillante dit aussi traces de doigts, donc entretien rigoureux... Si la cuisine en ligne n'est pas vraiment un choix délibéré, vous souhaiterez sans doute lui apporter un peu de douceur. Plusieurs possibilités sont envisageables. La première consiste à choisir des couleurs et des matériaux chaleureux : quoi de plus efficace que la blondeur du bois, que ce soit pour les meubles ou le plan de travail. Pour éviter l'alignement ennuyeux de façades identiques, on peut facilement envisager de créer une animation en alternant des meubles fermés avec des étagères ouvertes ou des casiers à bouteilles. Dans le même ordre d'idée, on peut varier les hauteurs des meubles hauts, pour créer des niches et des décaissés et rompre ainsi leur succession monotone.

MATÉRIAUX

Les marbres, pierres et granits

Traditionnelle et sans cesse réinventée, la pierre traverse le temps sans prendre de rides. Matière noble associée à l'élégance et à la sobriété, elle aime les ambiances raffinées et s'intègre mal dans des décors haut en couleur et excentriques. Dans la cuisine, elle s'installe volontiers en plan de travail ou en revêtement de sol. Il existe une infinité de pierres différentes, chacune ayant ses propres caractéristiques, ses qualités et ses défauts. L'éventail des couleurs et des aspects de surface est très vaste, y compris sous une même appellation. Chaque pierre étant unique, il est fortement conseillé de la choisir sur tranche, directement chez le négociant, l'échantillon ne pouvant être qu'indicatif.

Les pierres calcaires

Elles séduisent de plus en plus souvent et s'installent volontiers dans des cuisines de tradition. Il en existe de nombreuses, toujours dans des tons de beiges très doux, rosés ou plus jaunes. Les plus célèbres sont sans doute la pierre de Bourgogne, longtemps réservée aux séjours, et la pierre de comblanchien, souvent utilisée par les architectes pour réaliser les seuils de boutique, tant sa dureté a fait ses preuves. Elles ont une très bonne résistance thermique mais sont désavantagées par une nature poreuse, salissante et sensible aux acides. Leur mise en œuvre dans la cuisine suppose un traitement hydrofuge soigneux et un entretien régulier. Elles sont appréciées pour leurs finitions satinées et douces, qui s'opposent au clinquant des marbres cristallisés.

Les marbres

Ils font aussi partie de la famille des pierres d'origine calcaire mais qui ont subi une transformation grâce à la chaleur ou à la pression. Les marbres sont extraits de carrières situées pour la plupart en Italie, en Grèce ou au Portugal. Le plus souvent veinés, ils ont une image classique qui leur colle à la peau. Leur nature poreuse et sensible n'en fait pas un matériau idéal pour la cuisine, dans laquelle ils risquent d'être tachés et abîmés. Un traitement préventif (essentiellement hydrofuge) peut les

La plaque de marbre est idéale pour préparer des pâtes à tarte. Elle s'intègre ici dans un plan en bois.

Le granit se marie volontiers à l'inox pour composer un évier au-dessus de tout soupçon.

protéger, mais ils nécessiteront toujours un entretien assidu et des précautions quotidiennes. Pour les accros du marbre, une bonne solution consiste à utiliser les nouveaux carrelages, qui imitent parfaitement son aspect. Ils ont considérablement évolué ces dernières années et n'ont plus rien de commun avec les premières imitations plus approximatives. Le plus souvent, ce sont des carreaux émaillés dont le calibrage très précis permet une pose presque sans joint. Beaucoup d'autres matériaux jouent le jeu de l'imitation et souvent avec succès. Papier peint, peinture à effet... sont autant de produits de décoration qui vous permettront d'ajouter la touche marbre dont vous avez envie.

Les granits

Pierre cristalline très dure, le granit est la pierre de prestige par définition. Son excellente résistance aux chocs mécaniques et thermiques en font une valeur sûre de la cuisine. Bien qu'il soit relativement étanche à l'eau, il est malgré tout préférable de lui appliquer une protection hydrofuge après la pose et de la renouveler une fois par an. Une imprégnation complète évitera les éventuelles taches de graisse. Malgré de nombreux coloris (merveilleux bleu du Brésil ou Juparana doré), le granit souffre d'une association tenace avec la décoration funéraire. Pourtant, même les noirs et les gris anthracite peuvent être à l'origine de très belles compositions. Le granit est un matériau cher qui ne supporte pas la médiocrité : méfiez-vous des granits bon marché, qui recèlent souvent des défauts de qualité ou d'aspect.

On trouve parmi les pierres de synthèse (alliage de résine et de minéraux) certaines fabrications évoquant directement (et intentionnellement !) le granit. Presque aussi chers que le granit authentique, ces matériaux ont en revanche l'avantage d'être beaucoup plus légers, d'avoir un contact plus chaud et plus doux, et d'être très souples et faciles à travailler.

Particulièrement originaux, le plan et la crédence de cette cuisine s'habillent de plaques de marbre cassées intégrées dans du ciment gris.

Les portes des meubles

Essentielles dans l'ameublement de la cuisine, elles sont à la fois pratiques et esthétiques. Contrairement aux étagères ouvertes, qui animent les façades de la cuisine, elles ferment les meubles, protègent ce qu'ils contiennent de la poussière et des vapeurs grasses, toujours abondantes dans une cuisine. Leur couleur et leur style déterminent la décoration de la pièce. Ainsi l'esprit laboratoire est facilement recréé par un type d'agencement très linéaire, mais aussi par la blancheur immaculée des portes.

En stratifié

Plusieurs types de matériaux sont susceptibles de composer des portes de meubles de cuisine. Dans un style contemporain, le stratifié domine très largement car, plutôt économique, il est aussi très résistant et facile d'entretien. De plus, ses qualités, déjà précieuses, s'additionnent d'un très grand choix de couleurs et d'effets de matières. Dans la majorité des cas, le stratifié est appliqué sur un support en aggloméré rarement hydrofuge, ce qui le rend sensible à l'eau et à l'humidité. Les portes peuvent s'enrichir seulement de deux côtés arrondis qui seront verticaux ou horizontaux, la méthode de fabrication des portes stratifiées ne permettant pas de réaliser quatre chants arrondis. Le principal défaut esthétique des revêtements stratifiés est qu'ils restent un décor de surface. Les feuilles de placage, pourtant très minces, ont en effet un chant noir qui apparaît immanquablement dans les angles du panneau plaqué. Cet inconvénient, dû au mode de fabrication des feuilles de stratifié, ne laisse aucun doute quant à la composition de la porte et ne laisse en tout cas jamais penser qu'elle est massive.

Mises en cage, les casseroles se laissent apercevoir derrière ces portes grillagées.

Pliantes et coulissantes, les portes se font moins encombrantes.

En médium

Une porte possédant quatre chants arrondis est automatiquement fabriqué en médium®, panneau de fibres de bois et de résine pressées qui en font un matériau homogène. Ce produit étant compact et très dense, sa surface lisse se prête à toutes les finitions. Son absence de fil le rend plus facile à travailler que le bois et, pour la même raison, il ne risque pas de se fendre ou d'éclater. Particulièrement économique, ce matériau permet par ailleurs toutes les fantaisies créatives. Il ne nécessite pas de placage de chants, ce qui simplifie considérablement sa mise en œuvre. Il est souvent laqué, ce qui en fait un produit de haut de gamme, mais il peut aussi être teinté, verni ou peint. Travaillé dans la masse ou au tour à bois, il compose aussi des portes moulurées à l'allure plus classique qui seront ensuite recouvertes d'un produit de finition. On voit encore peu le médium dans la cuisine sous son jour le plus naturel, c'est-à-dire simplement verni, mais on peut parier sans risque qu'il y sera bientôt plus présent, ses nombreuses qualités en faisant un matériau incomparable.

En bois

Dans le domaine des portes de cuisine, le bois est en majorité consacré au style rustique. Le pin compose encore quelques portes contemporaines, dans un style un peu scandinave qui a connu ses heures de gloire mais qui est actuellement un peu en recul. Indémodable, le style rustique a toujours beaucoup d'adeptes. On retrouve, dans les différents modèles proposés, la plupart des styles de l'ameublement classique, ou au moins une certaine inspiration. Les portes en bois sont massives dans les modèles de haut de gamme, mais souvent mixtes dès que les meubles deviennent plus abordables. Dans ce cas, seul le cadre de la porte est massif, le panneau central étant souvent plaqué, voire moulé quand la finition de la porte permet ce type de fabrication. Avec un peu d'imagination et de créativité, de nombreux matériaux peuvent composer des portes originales : verre poli ou dépoli, métal déployé, textile, stores… etc., l'important étant de préserver une certaine facilité d'entretien, indispensable dans la cuisine.

Ambiance "récup", grâce à ces portes faites avec des planches de récupération

La transparence mesurée du verre dépoli est valorisée par un éclairage intérieur.

Des volets tourangeaux récupérés et repeints ferment avec élégance des rangements réalisés en carreaux de plâtre.

L'éclairage

Qu'il s'agisse de l'éclairage général ou de l'éclairage ponctuel, multipliez les commandes. Cela vous permettra de faire varier votre lumière en fonction des différents moments de la journée et de vos activités dans la pièce.

Originalité d'un intérieur orangé pour une suspension en aluminium brossé.

Esprit bateau pour une suspension chromée.

Compacts, ces équipements fixés sous les meubles hauts intègrent lumière, prises de courant et crochets de suspension pour accessoires.

Le mélange des genres est dû au mariage des spots basse tension suspendus sur câble avec une cuisine à l'ambiance très " bois brut ". Un éclairage indirect rase discrètement les murs au-dessus du plan de travail.

Bel exemple d'éclairages multiples bien pensés : au plafond pour l'ambiance, sous les meubles hauts pour le plan de travail, et en suspension pour le coin repas.

La cuisine est à la fois une pièce technique et conviviale et son éclairage doit respecter ce double rôle. Pour cela, il est utile de multiplier les sources de lumière selon le rôle qu'elles auront à remplir et l'atmosphère qu'elles devront créer. Elles seront générales ou ponctuelles, mais aussi directes ou indirectes, puissantes ou tamisées. D'autre part, l'esthétique des appareils d'éclairage a aussi son importance car elle contribue tout autant à la décoration de la pièce.

L'éclairage général

Il sert avant tout à créer l'ambiance de la pièce. Il sert à voir clair, bien sûr, mais ce n'est pas lui qui éclaire les plans de travail ou l'évier. En général, il provient du plafond. Indirect, il peut provenir de tubes fluorescents ou incandescents dissimulés au-dessus des meubles hauts. Direct, il peut provenir d'un plafonnier, de spots halogènes sur câble ou encastrés dans un faux plafond. Le plafonnier est un grand classique de la cuisine, sous forme de suspension ou d'appareil fixé au plafond. Les styles sont extrêmement variés. Sachez cependant qu'une suspension aura tendance à rabattre la lumière vers le bas, ce qui peut avoir un intérêt lorsque la hauteur sous plafond est importante. Inversement, elle peut aussi produire une lumière indirecte qui valorisera le plafond. A vous de choisir vos effets ! Les spots encastrés dans un faux plafond peuvent aussi produire un éclairage général. Halogènes basse tension, fixés sur un câble tendu ou encastrés, il est indispensable de les prévoir en quantité suffisante pour que la lumière soit satisfaisante car le faisceau lumineux qu'ils produisent est très directif. En nombre insuffisant, ils créent facilement des zones d'ombre. Halogènes ou pas, ils peuvent être orientables et viser des coins particuliers de la cuisine, mais attention à leur positionnement, car c'est votre propre corps qui créera des zones d'ombre si la source est placée derrière vous.

En règle générale, ne cherchez pas à faire "d'une pierre deux coups". L'éclairage général doit le rester, l'éclairage ponctuel et directionnel devant être conçu pour le compléter.

L'éclairage ponctuel

Si l'éclairage général crée l'atmosphère de la pièce, l'éclairage ponctuel assume plutôt un rôle technique et pratique. En premier lieu, il concerne surtout les plans de travail. Ces derniers recueillent en effet l'évier et la table de cuisson, et sont des plans de préparation à part entière. L'important est d'éviter le plus possible les ombres portées. Le plus simple est alors d'intégrer des appareils d'éclairage sous les meubles hauts ; les spots fixés au plafond et orientés vers les plans de travail ne sont pas très satisfaisants car vous serez là aussi gênés par votre propre ombre. De nombreuses solutions sont proposées pour équiper les dessous de meubles, de la traditionnelle barrette à tube fluo qui intègre souvent des prises électriques aux spots basse tension, encastrés directement dans les meubles. Le problème est un peu différent concernant le plan de cuisson, car il est toujours surmonté par une hotte qui possède son propre éclairage. Malheureusement, un grand nombre de hottes sont encore équipées d'ampoules incandescentes dont la lumière n'est pas très satisfaisante. Seuls les modèles les plus récents et plutôt de haut de gamme sont équipés de lampes halogènes.

La robinetterie

Cet évier en béton blanc à l'allure pourtant rétro s'équipe judicieusement d'une robinetterie murale mélangeuse dont le style renforce encore l'esprit de l'ensemble.

Les mitigeurs adoptent plus volontiers des lignes modernes. Ici, la courbure du bec lui permet de couvrir chaque cuve de l'évier.

Associé à l'évier, le robinet est sans doute le plus sollicité des équipements de la cuisine. Son choix est important et sa qualité ne doit pas être négligée au profit de l'esthétique. Quelques gadgets peuvent s'additionner au robinet en lui-même et être utiles, mais ils ne doivent pas déterminer à eux seuls le choix du modèle.

Mélangeur ou mitigeur ?

Très sollicité dans la cuisine, le mitigeur est incontestablement plus pratique que le mélangeur. Manipulable d'une seule main, il peut s'agrémenter d'une douchette extractible. Par contre, le fait que la température de l'eau soit préréglable est moins utile dans la cuisine que dans la salle de bains, car on y utilise beaucoup d'eau froide. C'est un peu pour cette raison que le mélangeur y trouve toujours sa place : il devient lui aussi monocommande lorsqu'il s'agit de faire couler de l'eau froide ! Mis à part cette qualité "volée" au mitigeur, le mélangeur a surtout pour lui un charme et une esthétique particulière, qu'il soit rétro ou contemporain.
Qu'il appartienne à un mitigeur ou à un mélangeur, le bec du robinet se tourne avec plus ou moins d'amplitude : 90 à 120° pour un évier à un seul bac dans la mesure où le robinet est placé entre le bac et l'égouttoir, mais à l'inverse, un minimum de 180° est indispensable si le robinet se situe entre deux bacs.

Quel est l'intérêt d'une douchette ?

La douchette extractible est incontestablement un atout supplémentaire du mitigeur dans la cuisine. La longueur de son flexible permet le remplissage de grands récipients, tels que seau ou vase, éventuellement en dehors de l'évier. La douchette facilite l'entretien des bacs évier, mais aussi le lavage des légumes ou le rinçage de la vaisselle avant son passage dans la machine. Comme n'importe quelle douche classique, une douchette de cuisine peut également subir les assauts du calcaire ; les systèmes anti-obstruction sont donc très utiles pour garantir son bon fonctionnement.

Où placer la robinetterie ?

Dans la plupart des cas, la robinetterie se place directement sur l'évier, suffisamment éloignée du mur pour un entretien plus facile. Lorsque l'évier est placé devant une fenêtre, il est important

Quand la robinetterie risque de gêner l'ouverture de la fenêtre, il est utile de prévoir un modèle spécifique dont le corps est articulé ou démontable.

Mélange de style avec cet évier en béton brut incrusté de marbre équipé d'une robinetterie au look résolument rétro.

de s'assurer que le robinet n'en empêche pas l'ouverture. Si la hauteur de l'allège* interdit l'installation d'un robinet classique, tournez-vous vers des modèles amovibles spécialement étudiés pour ce genre de situation. Il en existe plusieurs sortes : certains ont un bec capable de basculer en avant, d'autres ont un bec démontable ou un corps entièrement déboîtable. Dans tous les cas, assurez-vous que la partie qui reste en place n'est pas trop haute elle aussi ! Si la solution ne se trouve pas dans une robinetterie amovible, il reste la possibilité de créer un décaissé de plan de travail pour y insérer la partie évier ; une solution malgré tout contre-indiquée pour les personnes de grande taille, qui risquent de souffrir du dos. Enfin, si votre fenêtre est placée trop bas ou que vous êtes trop grand, envisagez sérieusement de placer votre évier ailleurs…
Quand l'évier ne se place pas sous la fenêtre, il peut s'équiper d'une robinetterie murale. Très pratique à entretenir (le calcaire ne s'y accroche pas, puisque l'eau ne peut stagner à sa base), il présente aussi l'avantage de libérer le plan de travail. Son principal inconvénient est d'être plus compliqué à installer, la plomberie devant être encastrée dans le mur.
*(L'allège correspond au mur compris entre le sol et le bas de la fenêtre).

La cuisine ouverte

La cuisine ouverte est séduisante pour de nombreuses raisons. Elle libère l'espace et encourage la convivialité. Mais attention, elle porte en elle quelques inconvénients qu'il convient de connaître pour faire son choix en connaissance de cause.

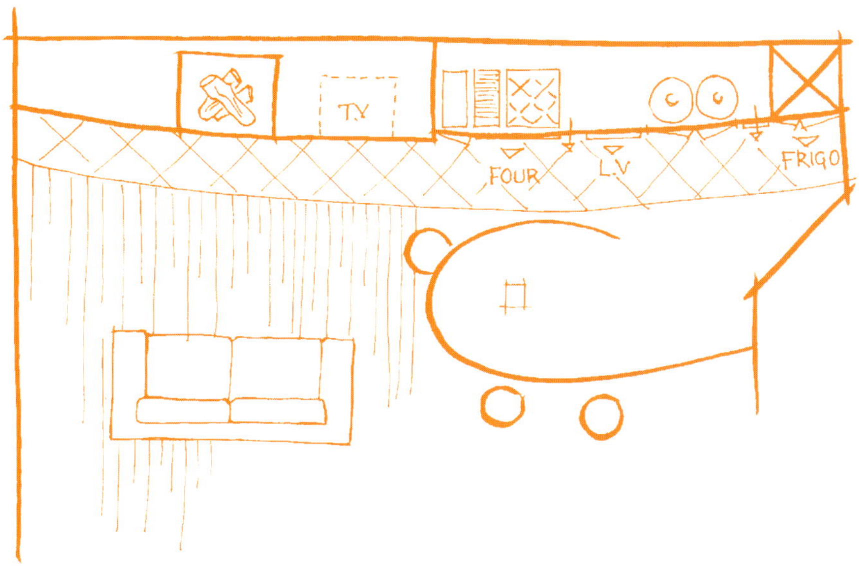

Une bande de carrelage file au sol tout au long du mur reliant le séjour à la cuisine. L'harmonie de couleurs commune et la cohérence de l'agencement garantissent l'unité de l'ensemble.

La cohabitation est totale entre la cuisine et le séjour. Le même pan de mur intègre à la fois la cheminée, la télévision, et les meubles, équipés d'appareils électroménagers.

La cuisine ouverte

Sortir la cuisine de son isolement peut être une tentation très séduisante, motivée par différentes raisons : manque d'espace ou de lumière, voisinage avec une salle à manger, désir de convivialité... Mais si un décloisonnement présente des avantages incontestables pour la cuisine elle-même, il ne doit pas devenir un handicap pour les pièces avec lesquelles elle va communiquer. Le fonctionnement d'une cuisine présente des inconvénients de natures diverses : sonores, olfactifs et parfois visuels. En effet, si le lave-vaisselle, la hotte et les robots ménagers sont des grands producteurs de bruits, la préparation des repas répand rapidement des odeurs de nourriture dans toute la maison et l'après-repas offre bien souvent le spectacle d'une accumulation de vaisselle sale peu esthétique. Autant d'éléments qui, perçus du salon, deviennent rapidement désagréables. Pour toutes ces raisons, l'ouverture d'une cuisine sur le reste de la maison doit se faire de façon réfléchie et en toute connaissance de cause.

Un atout pour les petites cuisines

L'un des premiers atouts de la cuisine ouverte est de faire oublier les petites cuisines. En effet, même si la surface au sol qui lui est consacrée est restreinte, l'ouverture d'au moins une cloison sur un espace plus grand lui donne immédiatement une nouvelle perspective. La vue circule, la lumière aussi. La cuisine ouverte est souvent conçue dans de petits appartements, la motivation première étant le manque d'espace. Elle convient bien au fonctionnement d'un couple ou d'un célibataire, les bruits et les odeurs étant plus faciles à gérer. Elle se dissimule éventuellement à certains moments de la journée derrière une cloison mobile, mais la plupart du temps elle reste ouverte, séparée de l'appartement par un simple bar ou par un muret.

Le jeu de la dissimulation

Faire le choix d'ouvrir la cuisine sur le reste de la maison c'est offrir celle-ci aux regards à tout moment de la journée sans qu'aucune porte ni cloison ne la dissimule. En clair, cela signifie que le désordre engendré par la préparation d'un repas, la vaisselle sale qui s'amoncelle dans l'évier, le déballage des courses au retour du supermarché, les bouteilles vides qui s'accumulent ou la poubelle qui déborde peuvent être visibles depuis la salle à manger ou le séjour, selon les cas, et à des moments quelquefois inopportuns (réception d'amis en particulier...). Ceux que le ménage ne préoccupe pas n'en souffriront pas trop, tandis les maniaques de l'ordre y seront sans doute plus sensibles... Une bonne solution consiste à "fermer" la cuisine par un épi de meubles surmontés d'un plan bar plus haut que le plan de travail. La différence de niveau entre les deux plans créera une barrière visuelle bien pratique dans de nombreuses situations !

Ambiance bucolique pour cette cuisine, ouverte à la fois sur la salle à manger et le séjour. La continuité des matériaux contribue à l'unité d'ensemble.

La transformation d'un passe-plat en véritable passage a transformé cette cuisine isolée en cuisine ouverte sur la salle à manger. La nouvelle perspective laisse circuler la vue et la lumière.

Style high-tech pour cette cuisine, qui s'habille de béton, de tôle galvanisée et de verre dépoli. La cloison rouge crée le lien tout en marquant une limite.

Une ouverture en connaissance de cause

Le désordre apparent est l'un des désavantages de la cuisine ouverte, mais ce n'est pas le seul.

En effet, la cuisine est une grande productrice de bruits et d'odeurs, ce qui peut devenir embarrassant lorsqu'elle s'ouvre sur le reste de la maison. Les odeurs peuvent être diminuées au moyen d'une hotte efficace, dont le moteur est quelquefois bruyant… La plupart des bruits sont en revanche incontournables : bruits de cuisson, de lave-vaisselle, de hotte ! Il faudra malheureusement faire avec, à moins de prévoir une séparation temporaire pour les moments les plus aigus : portes ou panneaux coulissants, par exemple, qui laisseront passer la vue et la lumière s'ils sont vitrés.

L'important, avant d'implanter une cuisine ouverte, est de bien mesurer les avantages et les inconvénients que cela va apporter. Sera-t-elle adaptée à votre style de vie ? à vos habitudes ? Elle est incontestablement un plus dans les petits appartements ou les studios. Dans les logements plus grands, elle se justifie moins (les cuisines étant souvent plus grandes, elles aussi). Avant de faire votre choix, pesez le pour et le contre : espace, convivialité et vie de famille contre bruits, odeurs et désordre !

Aménagée à bord d'une péniche, cette cuisine ouverte s'isole symboliquement du reste de la pièce grâce à un jeu de plans bar qui en dissimulent le cœur.

Les revêtements de sol

Le revêtement de sol dans la cuisine est soumis à rude épreuve. Souvent sali, il doit impérativement être facile à entretenir. Il doit pouvoir résister aux chocs, aux taches de graisse et à l'humidité. C'est pour cette raison que le carrelage habille la grande majorité des sols de cuisine. Même s'ils sont peu nombreux, il existe malgré tout d'autres choix.

Les revêtements plastiques

Cette catégorie renferme un grand nombre de revêtements qui ne possèdent pas tous les mêmes qualités. En effet, les prix sont très variables pour une même appellation et il convient de comparer ce qui est comparable. Certains sols plastiques très économiques conviennent à peine à l'usage d'une salle de bains alors que d'autres s'adaptent à des utilisations industrielles. Certains seront très résistants au poinçonnement et aux taches, alors que d'autres se marqueront à la moindre occasion. En général, le prix est le reflet de la qualité. En rouleaux ou en dalles, ils ont l'avantage d'être souples, se posent sur un support sec et bien plan et sont faciles à entretenir. Les couleurs et les décors sont très variés, certains imitant même d'autres revêtements de sol, comme le parquet ou le carrelage. Un peu à part parmi les sols plastiques, le linoléum fait un retour en force depuis quelques années. Il n'a pas la souplesse du PVC, et sa pose requiert souvent les compétences d'un professionnel et un support parfaitement plan au-dessus de tout soupçon, mais il est très résistant.

Le béton sous protection

Naturellement poreux, le béton se tache facilement s'il n'est pas correctement protégé. Son utilisation en décoration intérieure est relativement récente, et des produits spécifiques sont aujourd'hui disponibles. Il peut être verni, ciré ou "imprégné". Les vernis les plus adaptés sont en fait des résines acryliques de protection, qui donnent au béton un aspect mouillé permanent. Les cires sont les mêmes que celles employées pour les revêtements en terre cuite, eux aussi poreux. Leur application doit être renouvelée régulièrement pour que la protection soit efficace. Enfin, et plus spécifiques au béton, les produits d'imprégnation traitent le béton à cœur en le protégeant à la fois de l'humidité et des taches grasses diverses. Naturellement, le béton peut également être peint grâce à des peintures de sol qui lui sont appropriées.

Des dalles de béton lavé habillent le sol de la cuisine. Habituellement réservées à un usage extérieur, elles composent ici un revêtement original facile à entretenir.

Le parquet ancien, conservé au moment de l'implantation de la cuisine, lui donne une chaleur raffinée mais nécessite un peu de précaution d'usage.

Les parquets

Ils ne sont pas interdits dans la cuisine, à condition cependant d'être massifs et étanches à l'eau. Malgré les apparences, les parquets stratifiés (qui ne méritent d'ailleurs pas l'appellation de parquet) ne sont pas adaptés à la cuisine. En effet, le revêtement stratifié en lui-même est imperméable, mais ce n'est pas le cas de l'aggloméré sur lequel il est collé. Ces parquets ne supportent donc pas d'être mouillés. Les seuls parquets autorisés dans la cuisine sont les parquets massifs soigneusement vitrifiés ou les parquets composés de bois imputrescibles comme le teck, l'ipé ou l'iroko. Ces derniers sont le plus souvent huilés car il est un peu dommage de vitrifier de tels bois. Attention, si ces parquets supportent d'être mouillés (ils sont connus pour être utilisés sur les bateaux), ils nécessitent tout de même d'être soigneusement entretenus pour ne pas que les taches s'incrustent. Enfin, sachez qu'ils ne conviennent ni aux obsédés de l'hygiène ni aux adeptes de l'eau de Javel.

Les couleurs denses des carreaux de ciment forment un tapis à damier qui habille le centre de la pièce.

Revêtement végétal toléré

Parmi les revêtements végétaux, seul le jonc de mer peut éventuellement s'adapter à la cuisine. C'est en effet le seul qui, non seulement supporte, mais exige d'être mouillé, donc éventuellement lavé, si l'on prend soin toutefois de n'utiliser que des produits naturels non agressifs. Eau de Javel interdite !

L'intégralité de la surface de la pièce se couvre de cercles concentriques réalisés à l'aide de pavés de terre cuite.

Les carreaux à cabochon encadrés de bois affirme le caractère rustique de cette cuisine.

Les cloisons et liaisons

Des portes coulissantes vitrées disparaissent intégralement dans l'épaisseur des cloisons côté cuisine, ouvrant ainsi un large passage.

Dessinée sur une trame carrée, cette cloison vitrée intègre à la fois des châssis fixes et la large porte d'entrée de la cuisine. Son dessin, qui épouse la forme de l'escalier, préserve l'agencement des meubles bas côté cuisine.

On peut choisir d'isoler totalement la cuisine, de créer un lien visuel avec le reste de la maison ou de l'ouvrir totalement. Dans tous les cas se pose le problème de la cloison, de la liaison avec les pièces attenantes. En général, le choix des matériaux qui la composent est déterminé par le rôle qu'elle doit jouer et par l'effet décoratif recherché. Opaque, translucide ou transparente, la cloison peut également être mobile.

Cloison opaque, la traditionnelle

C'est la cloison de base par définition, celle qui fait de la cuisine un espace clos. Dans les constructions d'aujourd'hui, elle est le plus souvent en carreaux de plâtre, quelquefois en plaques de plâtre type Placoplâtre®. Attention, le matériau qui compose les cloisons détermine le système d'accrochage des meubles. Très lourds lorsqu'ils sont chargés, ils nécessitent une fixation au-dessus de tout soupçon. Les chevilles à expansion sont particulièrement adaptées à cet usage. En se déployant à l'intérieur de la cloison creuse, elles garantissent un accrochage parfaitement sûr.

Cloison translucide, la lumière sans la vue

Lorsque la cuisine manque de lumière mais que l'on ne désire pas pour autant la faire communiquer avec le reste de la maison, la cloison translucide devient la solution. Laissant passer la lumière mais pas la vue, elle préserve l'isolement de la pièce. Le verre s'impose, mais seulement sous certaines formes. Dépoli, il remplira parfaitement son rôle en toute sobriété et avec une certaine élégance. Sous forme de briques de verre, il composera une cloison plutôt contemporaine, éventuellement colorée, d'aspect mat ou brillant. Les fabricants proposent en effet de nombreuses finitions de surfaces, de couleurs, et de dimensions.

Cloison transparente, la mise en vitrine

A la recherche de la lumière et de la vue, le verre clair et transparent s'impose. Une telle cloison met la cuisine en vitrine et, si elle permet un lien visuel convivial, elle laisse aussi apparaître tout le désordre quotidien d'une cuisine en activité. Elle est donc réservée aux méticuleux, aux accros du rangement, et aux amateurs de design et d'esthétique. Il est en effet primordial, dans ce genre de situation, que chaque appareil ménager, chaque casserole, chaque accessoire soit aussi décoratif. Qui ira mettre en vitrine un égouttoir en plastique délavé ou un robot plus très blanc vieux de plus de dix ans ?

Fixe ou mobile, au gré des envies

Qu'elle soit opaque, translucide ou transparente, la cloison peut également être mobile. Coulissante ou pliante, elle est une bonne solution lorsque l'isolement temporaire de la pièce est souhaitable. Elle permet ainsi de profiter de tous les avantages d'une cuisine ouverte sans en subir les inconvénients.

Presque virtuelle, cette cloison sépare sans fermer. Le maintien de passage de la porte d'origine crée un sens de circulation giratoire naturel.

Les bruits

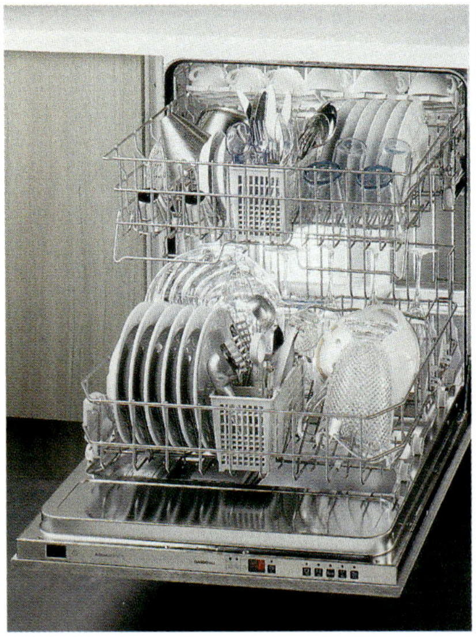

Le décibel est une unité de mesure qui permet de comparer différentes puissances sonores.
Il correspond au niveau de pression acoustique d'un son ou d'un bruit. Sachez que le niveau sonore d'un appartement calme est estimé à environ 30 dB (c'est aussi le seuil à ne pas dépasser dans les logements titulaires du label Qualitel), que celui d'une conversation animée se situe entre 50 et 60 dB, et que le seuil de la douleur est évalué à environ 120 dB.

Moins bruyants aujourd'hui, les réfrigérateurs le sont encore moins lorsqu'ils sont encastrés dans des armoires ou dans des niches maçonnées.

Un simple fond antidérapant suffit à supprimer les chocs sonores entre les casseroles à chaque ouverture de tiroir.

La hotte est avant tout un moteur dont le bruit est inévitable. L'isolation soigneuse de l'extracteur peut être une solution pour le réduire.

Source sonore indiscutable, le lave-vaisselle peut se faire plus silencieux si l'on y met le prix.

La cuisine est incontestablement une grande source de bruit dans la maison. Aux bruits de la hotte, du lave-vaisselle, du four et du réfrigérateur, s'additionnent ceux des casseroles qui s'entrechoquent, des portes qui claquent et des chaises dont le déplacement résonne sur le carrelage. Il semble donc important de limiter les décibels en investissant dans des appareils silencieux. L'investissement sera plus coûteux mais le gain de confort indiscutable, surtout si votre cuisine est conviviale ou ouverte sur le reste de la maison.

Les appareils ménagers

La hotte est sans doute la plus bruyante de la cuisine. Nous avons tous ressenti un jour le même soulagement en interrompant son vrombissement après plus de dix minutes de fonctionnement ! Malheureusement, il est difficile de connaître le niveau sonore d'une hotte avant de l'acheter car les fabricants n'ont pas l'obligation de le faire mentionner sur la notice. Certains s'y contraignent malgré tout, la demande des acheteurs potentiels étant de plus en plus grande. Sachez cependant que les modèles les plus silencieux atteignent 35 dB à bas régime et 45, voire 50 dB à grande vitesse. Il existe plusieurs moyens de réduire efficacement le bruit d'une hotte, parmi lesquels l'éloignement de la turbine est sans doute le plus efficace. Dissociée de la hotte, celle-ci peut être placée dans les combles ou dans un office attenant si l'on prend soin malgré tout de ne pas trop l'éloigner pour ne pas lui faire perdre de puissance.
Le lave-vaisselle sait lui aussi être très bruyant. Là encore, les fabricants n'ont aucune obligation de mentionner le niveau sonore, bien que ce dernier apparaisse quasi systématiquement car il est devenu un véritable argument de vente. Sachez que les appareils les plus silencieux se situent aux environs de 45 dB, contre 65 dB pour encore un grand nombre, et que les plus silencieux seront aussi les plus chers.
Les réfrigérateurs sont aujourd'hui beaucoup plus silencieux et ils le sont d'autant plus qu'ils sont encastrés ou intégrés. Il est passé le temps des frigos secoués de tremblements à chaque démarrage du moteur. Seuls les frigos américains restent bruyants, parfois autant qu'une hotte ou un lave-vaisselle à bas régime. L'explication repose sur l'existence de leur système de froid ventilé, mais aussi sur le fait qu'ils sont rarement encastrés.

Les bruits quotidiens

La manipulation de la vaisselle et des casseroles, la fermeture brutale des portes de meubles et des tiroirs sont autant de sources de bruits auxquelles s'additionnent les déplacements de chaises et de table. Il est vrai que les matériaux décoratifs utilisés dans la cuisine sont en général peu absorbants phoniquement : il est bien rare en effet d'y rencontrer de la moquette au sol et du tissu aux murs... Les surfaces sont plutôt lisses et dures, pour faciliter l'entretien, mais elles augmentent aussi les résonances. Le sol, en particulier, est une grande source de bruits, car il est souvent en carrelage. Une pose sur une chape flottante ou sur une sous-couche isolante pourra éventuellement atténuer les bruits mais l'effet restera relatif. Pensez aux patins de feutre sous les pieds des chaises et des tables, et de caoutchouc pour amortir le claquement des portes et des tiroirs. Si vos meubles sont issus d'une fabrication de haut de gamme, vous n'aurez pas ce genre de souci, les modèles étant équipés de charnières, de coulisses et parfois de joints en caoutchouc destinés à ralentir la course des portes et celles des tiroirs et à éviter leur claquement. De simples fonds antidérapants au fond de vos tiroirs à casseroles éviteront aussi qu'elles ne s'entrechoquent à chaque ouverture et fermeture.

L'air et les odeurs

Implantée en angle, la hotte devient un élément décoratif à part entière de la cuisine.

Résolument contemporaine, la hotte disparaît totalement sous le meuble en position fermée. C'est son ouverture qui déclenche son fonctionnement.

Moins courante mais très efficace, la hotte peut aussi s'intégrer dans le plan de travail entre les appareils de cuisson. Elle se rabat et s'encastre dans le plan lorsqu'elle est hors service.

Le manque d'aération est un problème incontournable dans l'habitat. Il est vrai que depuis quelques décennies l'obsession de l'isolation a conduit à rendre les logements de plus en plus étanches, isolés de l'air extérieur. Sans une aération efficace, la production de vapeur et d'air vicié a pour effet, outre le fait de créer une ambiance humide malsaine, d'accélérer la dégradation de l'ensemble des matériaux. La cuisine est une grande productrice d'humidité et d'odeurs et, plus que jamais, l'évacuation de l'air vicié est indispensable.

Quel est le principe d'une bonne ventilation ?

Le principe d'une bonne ventilation est très simple : il consiste à remplacer l'air vicié par de l'air neuf. Les entrées d'air doivent donc être équivalentes aux sorties. Une bonne régulation de ventilation détermine l'entrée et la sortie d'air pour ne pas créer de déséquilibre. Systématiquement installée dans les logements neufs, la VMC (ventilation mécanique centralisée) consiste à installer un extracteur relié à un réseau distribuant toute la maison. Dans le cas d'une maison ancienne, la ventilation contrôlée peut être installée pièce par pièce. Notez que dans tous les cas, une bonne ventilation ne remplace jamais une hotte dans la cuisine.

Pourquoi une hotte est-elle indispensable ?

Le rôle d'une ventilation, centralisée ou non, est d'assainir globalement l'air de la maison. Celui de la hotte est plus ponctuel et plus pointu car celle-ci doit éliminer le plus rapidement possible une production importante de vapeur et d'odeurs. Son emploi est de courte durée, déterminé par l'heure des repas. Pour bien remplir son rôle, la hotte doit être puissante et sûre, mais aussi silencieuse et facile d'entretien.

Quelle est la différence entre évacuation et recyclage ?

Comme son nom l'indique, une hotte à recyclage "recycle" l'air, c'est-à-dire que l'air aspiré est filtré puis réintroduit dans la pièce. Elle a l'avantage de s'installer

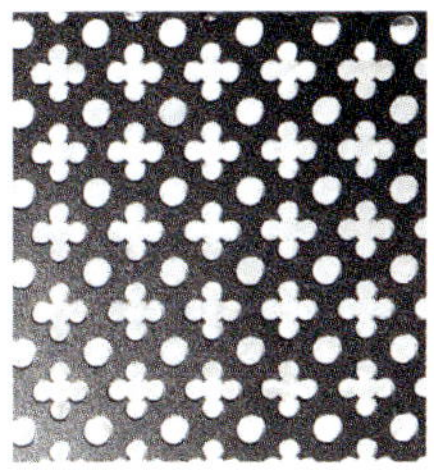

A l'ancienne, la hotte s'implante sur toute la largeur de la pièce et " avale " autant les vapeurs grasses que les vapeurs d'eau.

La hotte sait se faire discrète lorsqu'elle est escamotable. Une fois fermée, elle disparaît au sein des meubles hauts.

partout puisqu'elle ne nécessite pas de sortie extérieure, mais elle est nettement moins efficace qu'une hotte à évacuation. Elle dispose d'un filtre à graisse et d'un filtre à charbons actifs destiné à filtrer les odeurs. Le premier se lave et le second se change régulièrement. L'addition de ces deux filtres n'élimine ni la vapeur d'eau, ni le gaz carbonique. A l'opposé, une hotte à évacuation se raccorde sur une évacuation extérieure. Elle est beaucoup plus efficace car elle rejette à l'extérieur tout l'air aspiré. Elle nécessite naturellement une entrée d'air équivalente à son débit, pour ne pas créer de dépression dans la pièce.

Quels sont les critères de choix d'une hotte ?

En dehors du choix entre recyclage et évacuation, différents critères entrent en ligne de compte. Parmi les plus importants se situent le débit et le niveau sonore. C'est en effet de ces deux éléments que dépendent son efficacité et votre confort. Le débit est déterminé par la taille de la pièce et la quantité de postes de cuisson : il est évident que la hotte sera particulièrement sollicitée si elle doit compenser l'utilisation de quatre à six feux, d'une friteuse ou d'un grill ! Dans le même ordre d'esprit, la quantité d'air à renouveler est évidemment dépendante du volume de la pièce. Au moment de l'achat, renseignez-vous précisément sur le débit (exprimé en m^3/heure) et soumettez au vendeur votre situation. En principe, il doit pouvoir vous répondre... Pour ce qui est du niveau sonore, sachez qu'il s'exprime en décibels (dB). Plus le nombre de décibels est élevé, plus l'appareil est bruyant. Il existe différents moyens d'atténuer ce bruit, le plus efficace étant sans aucun doute l'installation du moteur d'extraction à distance (dans les combles par exemple) ou à l'extérieur de la maison.

L'espace généreux créé par l'extension véranda consacre environ un tiers de sa surface à la cuisine proprement dite, les deux tiers restant étant destinés au coin repas. Une grande table encadrée de bancs encourage la convivialité.

La cuisine conviviale

Elle est à la fois un héritage du passé et un reflet de l'évolution des styles de vie. Véritable pièce à vivre, elle favorise le regroupement de la famille et des amis aux heures des repas mais aussi tout au long de la journée. Son principal inconvénient est de nécessiter un minimum d'espace.

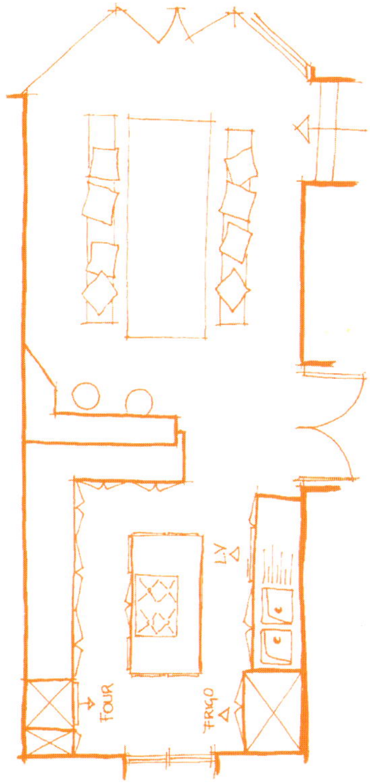

Vue du côté repas, la cuisine se dissimule derrière un plan bar qui délimite également son emprise.

IMPLANTATION

La cuisine conviviale

Pourtant récente, cette cuisine semble avoir vu passer plusieurs générations. Elle a l'air modeste d'une cuisine de campagne, illuminée par le jaune qui habille murs et corps de meubles.

Le reflet d'un nouveau mode de vie

Ce type d'implantation est sans doute le plus représentatif de l'évolution sociologique de la cuisine au cœur de la maison. En effet, la cuisine confidentielle et purement domestique du début du siècle, réservée à la maîtresse de maison nourricière et soumise, s'est peu à peu métamorphosée en un véritable espace de vie. On s'y retrouve en famille, on y reçoit ses amis. La préparation des repas devient un moment de partage et les apéritifs s'y prennent plus volontiers qu'au salon. L'évolution du statut de la femme dans la société n'est pas étrangère à cette métamorphose. En effet, celle-ci travaillant beaucoup plus qu'il y a cinquante ans, il est devenu impensable qu'elle soit isolée dans la cuisine le peu de temps qu'il lui reste à partager avec sa famille.

Un véritable espace déco

Conçue comme une pièce à vivre, la cuisine devient un véritable espace déco. Les meubles se font moins nombreux et les accessoires prennent la vedette. Les placards sont moins fermés, on montre plus des équipements directement inspirés du semi-professionnel. Batteries de couteaux, billots, casseroles et cocottes se montrent sans complexe, se mariant avec bonheur avec des objets purement décoratifs n'ayant aucune fonction ménagère. Si le style traditionnel, image de la cuisine paysanne à l'ancienne, fait de nombreux adeptes en France, tous les styles se retrouvent dans une cuisine conviviale. Du design au semi-professionnel, du rustique à l'ethnique, tout est permis, l'important étant plus l'esprit que la forme. Malgré tout, la nostalgie reste très présente dans les choix des Français, et il n'est pas rare de voir cohabiter des accessoires d'autrefois avec des équipements ultramodernes. La plupart du temps ils demeurent décoratifs, mais leur présence rassure car ils évoquent ce que l'on pourrait en faire... si on en avait le temps !

Ouverte sur l'extérieur grâce à la véranda, cette cuisine s'ouvre aussi généreusement sur la salle à manger. Les espaces respectifs de chacune sont marqués par des traitements décoratifs de plafonds différents.

Esprit bistrot pour ce vaisselier, qui exhibe fièrement la verrerie de la maison. Un miroir en fond double l'effet et la quantité !

Attention aux bruits !

Les bruits peuvent devenir un véritable handicap dans une cuisine conviviale. Que ce soit au moment de la préparation des repas ou après le repas proprement dit, ils sont très présents : cuisson, hotte d'aspiration, lave-vaisselle... Certains sont inévitables, mais la plupart peuvent être réduits grâce à un choix judicieux d'appareils. En effet, hottes et lave-vaisselle, en particulier, existent en version plus ou moins bruyantes. Leur niveau sonore est en principe indiqué sur leur descriptif sous forme d'un nombre de décibels (dB). Vous constaterez qu'il peut être très variable d'un appareil à l'autre. Dans le cas d'une cuisine conviviale dans laquelle vous désirez prendre vos repas, ce niveau sonore a une grande importance et peut être déterminant pour votre confort.

A priori, les odeurs ne sont pas une gêne dans ce type de cuisine, l'espace réservé aux repas et à leur préparation étant un espace clos par rapport au reste de la maison. La hotte reste malgré tout un équipement indispensable, ne serait-ce que pour éviter de voir les odeurs se propager dans toute la maison. N'oubliez pas que les parfums de cuisine, si agréables juste avant l'heure des repas, deviennent rapidement des odeurs lorsque l'estomac est rassasié !

Un petit air montagnard pour cette grande cuisine, qui bénéficie aussi d'une belle hauteur sous la charpente.

Le verre

Le plus souvent transparent, étanche à l'eau et facile à entretenir, le verre se fait une place de choix dans la cuisine. Pratique, utile ou seulement esthétique, il apporte sa touche de sophistication dans tous les décors. Il s'associe à merveille avec le métal et le chrome pour créer des harmonies très contemporaines empreintes de modernité, tendance high-tech, et se réchauffe au contact du bois, avec lequel il compose des harmonies plus douces mais tout aussi actuelles.

Transparent ou translucide

La qualité première du verre est sans doute la transparence. Il laisse circuler la lumière et la vue, il sépare sans isoler. Aujourd'hui, pourtant, la tendance est aux verres translucides, qui laissent passer la lumière mais pas la vue. Très décoratifs, ils composent de merveilleuses cloisons séparatives, mais aussi des plateaux de table, des étagères, des panneaux de crédence ou, pourquoi pas, des plans de travail. Parmi ces verres translucides se trouvent le verre sablé et le verre dépoli. Le premier, le plus classique, et le plus cher, est obtenu par sablage de la surface d'un verre ordinaire. La surface traitée s'opacifie et gagne une texture granuleuse. Le second, le verre dépoli, est obtenu par trempage dans un bain d'acide. Son grain est plus fin et satiné, mais l'effet visuel est très proche. Attention, les faces traitées sont assez salissantes et marquent facilement (traces de doigt, graisse...). Il suffit simplement de protéger cette face en l'exposant moins : elle sera orientée vers le bas dans le cas d'étagères ou de plateau de table ; elle sera protégée par une plaque de propreté ou un encadrement dans le cas d'une porte ou d'une cloison coulissante.

Les verres de sécurité

En étagère, en plateau de table, en porte de four ou en plaque de cuisson, il est important que le verre soit particulièrement résistant. Pour cette raison, on a notamment recours aux verres dits de sécurité. Ces derniers regroupent tous les verres dont la technique de fabrication ou d'assemblage permet de réduire les risques de bris consécutifs à un choc, un fort écart de

Spectaculaire, cette simple cloison dressée entre la cuisine et la salle à manger est montée en briques de verre satiné turquoise.

Ce vaisselier à l'allure pro marie les parties fermées en acajou aux étagères de verre et d'inox destinées au rangement de la vaisselle.

température ou une déformation quelconque. On distingue trois grands types de verres de sécurité : le verre trempé, le verre armé, et le verre feuilleté. C'est le verre trempé qui est le plus employé dans le contexte de la cuisine. Obtenu par chauffage, puis par refroidissement rapide d'un verre ordinaire, il est cinq fois plus résistant qu'un verre classique, et est utilisé chaque fois qu'il y a un risque de chocs ou une manipulation répétée. Il a également une très bonne résistance aux chocs thermiques. Sa particularité est de se briser en une multitude de petits fragments peu coupants, mais il présente l'inconvénient de ne pouvoir être découpé ou façonné. Son système de fabrication permet de traiter également des verres décoratifs, ce qui autorise toutes les fantaisies créatives.

Le verre qui réfléchit

Le verre sait aussi s'habiller d'argent pour se faire réfléchissant. Sous forme de miroir, on ne pense pas souvent à l'intégrer dans la cuisine. Pourtant, il peut en toute discrétion créer des effets spectaculaires. Ainsi, il est idéal dans une petite cuisine pour doubler la sensation d'espace. Placé en crédence, il crée immédiatement une impression de profondeur en doublant les plans de travail. Un côté d'armoire un peu trop présent se fera vite oublier une fois habillé d'un grand miroir : ce n'est plus lui que l'on verra mais l'image qu'il reflète. Contrairement aux idées reçues, le miroir n'est pas un matériau cher, surtout compte tenu des effets qu'il est capable de produire. Il est aussi très facile à entretenir, et, à moins d'être un maniaque de la propreté, il ne demande pas autant de soin qu'on le pense bien souvent. Attention aux miroirs teintés car, si l'image qu'ils reflètent est moins présente, ils ont l'inconvénient d'absorber la lumière et d'assombrir la pièce.

Lorsqu'il est armé, le verre devient particulièrement résistant. Il compose ici le panneau central de la porte à cadre en bois.

Tout en transparence, le bar dissimule, derrière ses briques de verre, une minuscule cuisine.

Le verre dépoli s'encadre de bois laqué, pour composer des portes abattantes qui laissent deviner le contenu des meubles.

Les accessoires décoratifs

L'aménagement d'une cuisine s'anime et se personnalise grâce à de nombreux éléments de décoration. Boutons de porte, poignées, bandeaux cache-lumière, corniches ou étagères sont autant d'accessoires susceptibles d'ajouter une touche personnelle à votre agencement.

Les poignées et les boutons

Même si traditionnellement les boutons sont plutôt réservés à la salle de bains, on les trouve malgré tout dans la cuisine, où ils entament la suprématie des poignées. Plus faciles à saisir, celles-ci apparaissent sous de nombreuses formes. En métal ou en plastique, mais aussi en bois, verre, corde, ou câble… elles ont un entraxe plus ou moins large selon les courants de la mode. Certaines sont si étroites qu'elles évoquent un bouton, d'autres si larges qu'elles passent pour des mains courantes. Elles ont en commun l'avantage d'être particulièrement faciles à changer, à condition de respecter leur entraxe, ce qui permet de faire varier un peu l'allure des façades quand la lassitude montre le bout de son nez. Elles peuvent aussi devenir de véritables créations personnelles, il suffit de laisser parler son imagination.

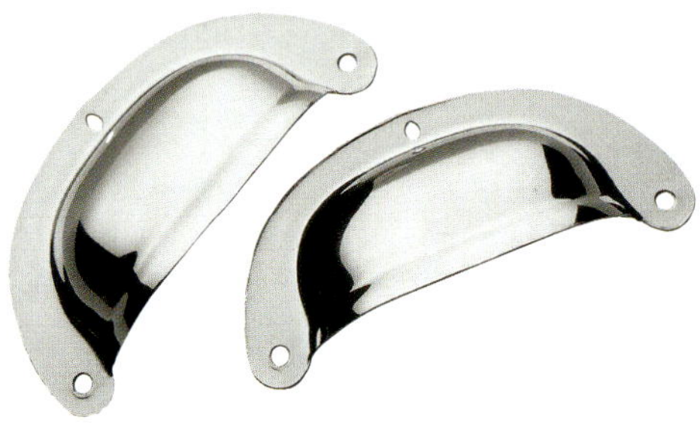

Quoi de plus symbolique que de simples couverts en inox en guise de poignées de porte ?

Cache-lumière et corniches

Ces deux éléments décoratifs étaient il y a encore peu de temps systématiquement prévus dans l'agencement d'une cuisine. Ils le sont beaucoup moins aujourd'hui mais restent malgré tout très présents dans les cuisines rustiques, dans lesquelles ils constituent de véritables éléments de finition. En plus de son rôle décoratif, le cache-lumière a pour fonction de dissimuler les appareils d'éclairage (souvent des tubes fluo) et les prises de courant fixées sous les meubles hauts. Le remplacement de plus en plus fréquent des tubes fluo par des appareils d'éclairage plus esthétiques provoque doucement sa disparition des cuisines mais, les courants de mode étant rythmés par un éternel recommencement, il est à parier que nous les verrons prochainement réapparaître sous une forme un peu différente ! A l'opposé des cache-lumière, les corniches, fixées au-dessus des meubles hauts, n'ont aucun rôle fonctionnel et sont purement décoratives.

Niches et étagères

Ce sont elles qui animent les cuisines d'aujourd'hui en apportant un peu de fantaisie au cœur de l'alignement des portes de meubles. Elles permettent de ranger mais sont aussi décoratives et peuvent mettre en valeur certains objets ou de la vaisselle particulièrement esthétiques. Elles s'inscrivent entre les meubles, bas et hauts, se suspendent au plafond ou remplacent la corniche en se posant en débordement des meubles hauts. Lorsqu'elles sont fixées en hauteur, il arrive fréquemment qu'elles deviennent en plus le support d'un éclairage complémentaire le plus souvent composé de spots basse tension encastrés. Elles sont en bois, en verre ou en revêtement stratifié. Généralement conçues sur mesure, elles doivent s'adapter au type de rangement auquel vous les destinez. Sachez qu'une profondeur de 30 cm suffit amplement pour le rangement d'une pile d'assiettes, mais qu'elle est trop importante pour celui de verres, qui se contenteront de la moitié. Avant de prévoir des étagères, pensez à leur future fonction et n'hésitez pas à mesurer vos objets pour calculer les dimensions idéales. La conception des étagères ouvertes demande une réelle réflexion, pour parvenir à en faire un élément vraiment utile et non pas un nid à poussière.

Les étagères ouvertes sont souvent un excellent prétexte pour montrer des objets ou de la vaisselle particulièrement esthétique. Associées à des barres de suspension, elles permettent d'accrocher toutes sortes d'ustensiles.

Les poignées de porte peuvent faire l'objet de toutes les fantaisies. Seule l'imagination compte.

De simples étagères à verres en bois doublent leur effet grâce à un fond en miroir.

Décorative, la main courante sait aussi être utile car elle permet l'accrochage de nombreux accessoires et même des torchons.

L'ergonomie

Pratiques, les meubles mobiles se placent en fonction des besoins du moment.

Astucieusement placé en hauteur, le lave-vaisselle est plus facile d'accès et surtout plus confortable pour le dos.

Four, évier et plaque de cuisson forment un triangle d'activités efficace dans lequel s'intègre le frigo.

Fermés, transparents ou ouverts, les rangements se multiplient en fonction des usages. En crédence sous les meubles hauts, ils sont particulièrement faciles d'accès.

Pour être agréable à exploiter et à vivre, une cuisine doit être adaptée à ses utilisateurs. Les besoins n'étant pas les mêmes pour une personne mesurant 1,50 m ou pour une de 1,90 m, la notion d'ergonomie devient essentielle. Le fonctionnement de la cuisine doit donc s'envisager comme celui d'un équipement à part entière dont l'efficacité repose sur une bonne adaptation à son utilisateur.

Qu'appelle-t-on le triangle d'activité ?

Le triangle d'activité correspond à une notion très importante dans la conception d'une cuisine. Il concerne le regroupement des principaux postes d'activité de façon rationnelle et pratique. Ce regroupement s'effectue en fonction de l'ordre logique qui correspond à l'élaboration d'un repas : sortie des ingrédients du réfrigérateur, préparation proprement dite et lavage éventuel, cuisson. L'enchaînement de ces activités doit être aussi fluide que possible et réduire au minimum le nombre de pas à effectuer. La logique place le plus souvent le plan de préparation entre l'évier et la plaque de cuisson. Dans le même esprit, le réfrigérateur s'implante de préférence entre l'évier et le plan de préparation. Pour des raisons évidentes, ce triangle d'activité sera d'autant plus efficace que la cuisine sera compacte. Méfiez-vous des grandes cuisines, qui risquent de vous faire marcher plus que nécessaire !

Le trio de l'eau

Indissociables, l'évier et le lave-vaisselle forment un véritable trio avec la poubelle. Leur utilisation correspond cette fois à l'après-repas : débarrassage de la table, enlèvement des déchets, rinçage de la vaisselle si nécessaire puis remplissage du lave-vaisselle. Le plus souvent, le lave-vaisselle est positionné sous l'égouttoir de l'évier. On évitera de le placer dans un angle avec un meuble (le lave-vaisselle, une fois ouvert, interdira l'ouverture de la porte du meuble) ou contre un mur (celui-ci risque de recevoir des éclaboussures à chaque remplissage de machine). Certains fabricants ont eu la bonne idée de proposer d'implanter le lave-vaisselle en hauteur, dans un meuble conçu spécialement : son emploi est alors beaucoup plus confortable et reposant pour le dos... La poubelle a son rôle à jouer pour compléter l'association évier/lave-vaisselle. Elle est le plus souvent dissimulée dans un meuble bas (en général le meuble sous-évier), mais elle peut aussi être indépendante et devenir un élément décoratif : certaines poubelles chromées sont superbes ! Attention quand même à son encombrement, surtout dans les petites cuisines.

Des dégagements indispensables

Pour qu'un agencement soit réellement pratique, il convient de tenir compte des distances de dégagement, indispensables devant les meubles de rangement, et notamment devant les appareils électroménagers. Ainsi, si 85 cm sont suffisants devant un four en hauteur, 100 cm sont essentiels devant une cuisinière qui suppose une position accroupie pour accéder aux plats dans le four. Le lave-vaisselle est plutôt gourmand en dégagement. Il est vrai qu'une fois ouvert il peut facilement bloquer la circulation : 90 cm sont donc indispensables. Le réfrigérateur se contentera de 80 cm car, contrairement au cas du lave-vaisselle, l'utilisateur se place en général dans l'espace développé par l'ouverture de la porte. Le plus raisonnable est l'évier, qui vit très bien sa vie avec un dégagement de 75 cm, suffisant pour permettre l'ouverture des portes du meuble placé en dessous.

Le froid

Loin de se faire discret, le frigo joue la vedette dans ce décor original, grâce à sa couleur tonique.

La couleur s'installe sur les réfrigérateurs pour en faire les vedettes de la cuisine.

Imposant, ce réfrigérateur se distingue grâce à des poignées plutôt originales.

Impossible d'imaginer une cuisine sans réfrigérateur. Depuis qu'il s'y est imposé, dans les années 50, il n'en est plus sorti, et on imagine mal comment s'en passer. L'évolution des habitudes de vie a développé l'utilisation de produits congelés. Sains, pratiques et faciles à mettre en œuvre, ils ont rendu le congélateur indispensable.

Encastrable, intégrable, ou à poser ?

L'espace requis pour l'installation d'un réfrigérateur est le plus souvent de 60 cm de largeur, qu'il soit encastrable, intégrable ou simplement à poser. Il convient de préciser la différence qui existe entre ces trois types d'appareils. Lorsqu'ils sont encastrables, les appareils sont installés dans une armoire prévue à cet effet, leurs portes restent apparentes et peuvent être habillées dans la même couleur que les portes des meubles ; Intégrables, les appareils s'installent également dans une armoire mais leurs portes sont conçues pour être dissimulées par une véritable porte de meuble. Une fois qu'elle est fermée, il est impossible de distinguer une armoire frigo d'une armoire classique de rangement. La version à poser concerne les appareils qu'on ne cherche pas à dissimuler. Ils deviennent vite des vedettes grâce à des formes et des couleurs originales, souvent dans un esprit années 50 très prononcé.

L'ambiance froide un peu high-tech est accentuée par les portes miroir du frigo américain.

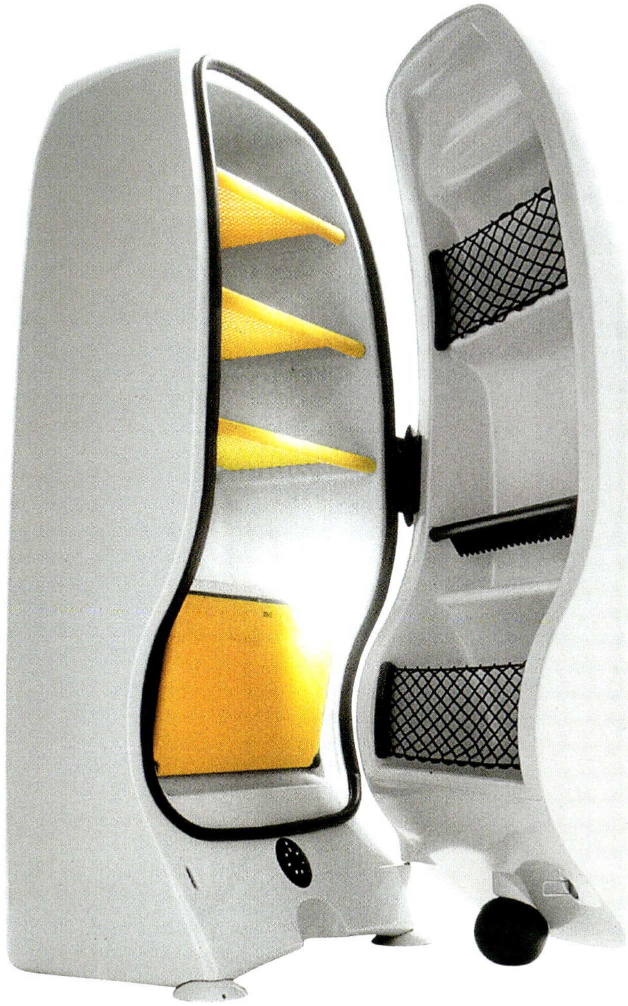

Tout en courbes, il étonne lorsqu'il s'ouvre. Original, il n'en est pas moins fonctionnel et bien pensé.

Le duo frigo-congélateur

Dans un souci de gain de place, le congélateur est souvent associé au réfrigérateur dans un combiné. Occupant l'espace d'une armoire de 60 cm de largeur, cette solution présente toutefois l'inconvénient de fonctionner avec un seul moteur, offrant un thermostat commun aux deux équipements. Cependant, un compromis consiste à superposer deux appareils indépendants. L'association frigo-congélateur se fait souvent au détriment de la taille du réfrigérateur, ce qui peut devenir un inconvénient pour une grande famille. Plusieurs solutions sont alors envisageables, toutes plus ou moins gourmandes en place : la première suppose un petit congélateur dans la cuisine et un second plus grand à la cave ou dans un office attenant ; la deuxième consiste à prévoir deux armoires côte à côte, soit un espace de 1,20 m de largeur ; la troisième, enfin, concerne les frigo dits "américains" ou "side by side", ce qui signifie côte à côte. Ces réfrigérateurs à deux portes dissocient le frigo du congélateur, s'équipent systématiquement de froid ventilé, et s'enrichissent souvent d'accessoires tels que distributeur de glaçons, de glace pilée ou d'eau fraîche, qui se révèlent très utiles. Leur inconvénient majeur est leur prix d'une part (ils sont systématiquement plus chers qu'un frigo classique), et leur difficulté d'intégration dans un agencement classique à cause de leur profondeur plus importante (en moyenne 70 cm).

Qu'est-ce que le froid ventilé ?

Le froid ventilé, de plus en plus souvent proposé sur les réfrigérateurs actuels, est obtenu par la circulation forcée de l'air, assurant ainsi la distribution constante et homogène d'un froid sec dans le congélateur et avec le juste degré d'humidité nécessaire dans le réfrigérateur. Ce système facilite le retour rapide aux basses températures après l'ouverture des portes et empêche la formation de givre sur les parois intérieures, ce qui simplifie beaucoup le nettoyage et élimine la nécessité du dégivrage.

Quelle est la signification des étoiles ?

Ces signes en forme d'étoile correspondent à une symbolique internationale utilisée comme unité de froid. Ainsi :

[*] concerne un compartiment ayant une température inférieure à - 6° C (formation de glaçons et conservation d'aliments déjà congelés plus longtemps que dans un réfrigérateur) ;

[**] correspond à un compartiment dont la température est à – 12° C (conservation d'aliments congelés ou surgelés pendant environ 1 semaine) ;

[***] concerne un compartiment dont la température est inférieure à – 18° C (conservation d'aliments surgelés ou congelés pendant 12 mois au maximum) ;

[****] concerne un compartiment avec une température d'environ – 24° C (pour congeler des aliments frais).

Totalement ouverte sur le reste de la maison, elle l'est aussi sur la salle de bains familiale, qui la domine depuis la mezzanine supérieure.

La cuisine insolite

C'est la cuisine qui étonne, celle dont l'implantation est originale ou les matériaux surprenants. Elle est a priori inclassable et n'appartient à aucun style. Elle a en tout cas toujours le mérite d'attirer l'attention et le regard.

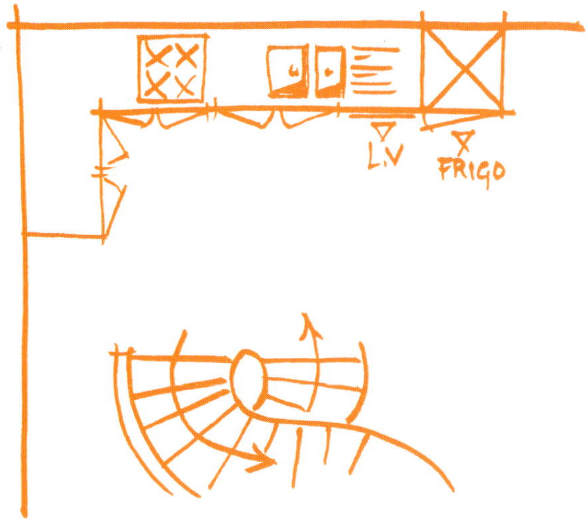

Un puits de lumière situé au-dessus de l'escalier garantit à la cuisine une lumière naturelle généreuse.

Posée sur son sol en ciment rouge, cette cuisine, essentiellement équipée de meubles bas, est réalisée sur mesure au moyen de carreaux de plâtre habillés de pâtes de verre.

La cuisine insolite

Elle étonne par son agencement, sa localisation dans la maison ou les matériaux qui la composent. Souvent aménagée grâce à des coups de cœur, elle s'équipe de meubles chinés ça et là dans une version campagne, ou simplement détournés de leur fonction d'origine dans une version plus contemporaine. Elle mélange les genres et les styles. Inclassable, elle est obligatoirement créative et personnelle.

Des implantations inattendues

Hors norme par définition, ce type de cuisine s'implante sans complexe dans des endroits parfois surprenants. Dans la cave ou le séjour, dans une ancienne chambre, sous les toits ou dans une véranda, aucun lieu n'est a priori contre-indiqué. Les contraintes de matériaux deviennent secondaires et un parquet ancien n'est pas un désavantage, au contraire. Les seules contraintes vraiment incontournables sont d'ordre technique, comme les alimentations et les évacuations d'eau, les alimentations électriques et les circuits de ventilation. Difficile en effet d'équiper une cuisine sans ce minimum...

Moulures ou cheminée ancienne, plafond voûté, sol pavé ou poêle à bois sont autant d'éléments atypiques qui deviennent particulièrement séduisants dans ce style de décoration.
Bien sûr, ce type de cuisine ne convient pas aux maniaques de l'hygiène et de l'ordre car l'eau de Javel est bien souvent contre-indiquée, et le désordre (du moins ce qui y ressemble) fait partie du charme de la pièce.

Pratique malgré tout

L'originalité de certains styles ou implantations ne doit pas se créer au détriment de l'aspect pratique. La cuisine est avant tout une pièce utile dans laquelle on confectionne les repas et où on mange parfois. Sans être maniaque, on doit pouvoir y conserver et préparer les aliments dans de bonnes conditions d'hygiène.
Les trois grands postes de la cuisine restent donc incontournables : froid, cuisson et eau, chacun étant parfaitement indépendant des deux autres.
Pas question d'intégrer le réfrigérateur dans une armoire pour le faire disparaître. Il devient au contraire une vedette de la pièce, rétro ou résolument moderne, américain avec ses deux portes, en couleur ou transformé en tableau magnétique géant. Le four est souvent bas (le four en hauteur impliquant obligatoirement la

Pas de place perdue avec cette cuisine qui se niche sous l'escalier. Le choix d'une même couleur crée l'effet d'unité de l'ensemble.

Eclairée par un toit en pavés de verre, cette cuisine se meuble d'éléments confectionnés à partir de séparation de bancs d'église !

présence d'une armoire d'encastrement) et s'associe le plus souvent à la plaque de cuisson pour recréer une cuisinière à l'ancienne. Le piano de cuisson, inspiré des équipements professionnels, trouve tout naturellement sa place dans ce type d'agencement. Les casseroles ne se rangent pas, elles s'exhibent, se suspendent sous la hotte ou des étagères. L'évier n'est a priori pas encastré, mais plutôt posé sur un meuble. Traditionnel en émail blanc, et parfois en pierre, dans une ambiance un peu rustique, à la manière des pierres à évier d'autrefois. Qu'elle soit moderne ou rétro, la robinetterie se doit d'être un bel objet. C'est donc souvent un mélangeur car c'est parmi eux que l'on trouve les modèles les plus décoratifs.
Ne vous y trompez pas, ce style de cuisine n'est pas fait de bric et de broc, bien au contraire. Tout y fait l'objet d'attention. Chaque meuble, chaque appareil doit avoir sa propre personnalité, toujours en accord avec celle des autres. Le but est de créer une harmonie d'ensemble grâce à l'addition d'harmonies individuelles.

Esprit véranda pour cette cuisine baignée de lumière qui mêle habillage de bois de coffrage, meuble ancien et rideau drapé : une association pour le moins surprenante.

Tendance récup' pour cette cuisine composée d'étagères toutes simples en bois huilé complétées de caisses à vin équipées de poignées.

Le carrelage

Au sol, comme en crédence, le carrelage est un matériau très présent dans les cuisines. Comme pour la salle de bains, il est important de distinguer les carrelages muraux des carrelages de sol car ils n'ont pas les mêmes qualités ni la même résistance. Peu sollicités lorsqu'ils sont verticaux, ils ne nécessitent en effet aucun classement particulier, au contraire des carrelages de sol, qui exigent des classements spécifiques en fonction de leurs conditions d'utilisation.

Les classements de carrelage de sol

Les carrelages (comme tous les revêtements de sol) sont répertoriés suivant le classement UPEC. Ce dernier définit la résistance du matériau à l'usure (U), au poinçonnement (P), son étanchéité (E), et sa résistance aux produits chimiques (C). Pour simplifier les choses, les carrelages de sol sont classés en groupes :

- groupe 2, salle de bains et usage privé modéré ;
- groupe 3, salle de bains, chambre et usage privé normal ;
- groupe 4, séjours, entrées, cuisines (sauf carrelages brillants) ;
- groupe 5, pour un passage très intense.

Attention, ce dernier groupe est utilisé par les architectes, les usines et les distributeurs, mais n'est pas reconnu officiellement par la norme européenne. Pour la cuisine, le classement groupe 4 est indispensable.

L'embarras du choix

Plusieurs critères déterminent le choix d'un carrelage, esthétiques, bien sûr, mais aussi techniques et financiers. Petits et grands formats, carreaux unis ou à motif, décors, frises et cabochons, variété des couleurs et des matières… la sélection est parfois difficile devant un tel choix ! Sachez que l'importance du budget ne garantit pas la réussite de l'ouvrage. On

Véritable travail d'artiste pour une composition originale haute en couleur.

Murs, plan de travail et façades de meubles sont entièrement tapissés d'un patchwork de carreaux noir et blanc, réédition de carreaux persillés du début du siècle.

peut en effet réussir de belles compositions originales au moyen de simples carreaux très abordables, et en rater de plus onéreuses… Comme dans toute démarche décorative, la créativité reste le composant le plus important. Concernant le choix des carreaux, évitez de faire votre sélection sur catalogue. Les couleurs et les effets sont parfois trompeurs. De plus, quelques carreaux ne suffisent pas à créer l'effet décoratif d'un carrelage. Autant que possible, essayez de le voir en situation, dans des salles d'exposition, en tenant toujours compte de l'éclairage (souvent artificiel), qui sera probablement différent de celui de votre cuisine. Ne vous laissez pas tenter par des carreaux mal adaptés à votre situation : évitez les grands motifs, qui nécessitent un minimum de recul si la pièce est petite, et faites attention aux couleurs foncées, qui assombriront davantage une cuisine qui l'est peut-être déjà.

L'importance de la pose

Si le choix du carreau est important, celui de sa mise en œuvre, donc de sa pose, est essentiel.
Celle-ci autorise une grande liberté, les possibilités étant très nombreuses et variées. Elle fait intervenir une notion très importante, qui est celle du calepinage. En effet, une surface carrelée est un jeu d'assemblage et sa réussite nécessite que l'on y réfléchisse au préalable. Le calepinage détermine la composition de cet assemblage en fonction de différents critères. Certains concernent les carreaux, d'autres la pièce à laquelle ils sont destinés. Le calepinage détermine par exemple la répartition des motifs en fonction de leur taille et de leur quantité, mais aussi en fonction de la façon dont ils seront perçus dans la pièce. Le choix du système de pose, droite ou en diagonale, fait également partie du calepinage. Enfin, il est particulièrement utile de dessiner les surfaces à calepiner, pour évaluer les effets obtenus, d'une part, et pour déterminer les quantités de carreaux nécessaires, d'autre part.

Rigueur du noir et du blanc pour une cuisine entièrement carrelée, le noir étant réservé aux meubles et à l'évier, et le blanc à tout le reste.

Ce sont les azulejos qui donnent à cette cuisine sa personnalité. Panneaux décoratifs et frises rythment les murs en fonction de l'agencement.

La crédence

On appelle crédence l'espace compris entre le plan de travail et les meubles fixés au-dessus, dont la hauteur est généralement de l'ordre de 50 cm. Si elle fait toujours l'objet d'une recherche esthétique, il est étonnant de constater que cette zone a longtemps été négligée, alors qu'elle correspond à la hauteur idéale pour manipuler objets et ustensiles lorsque l'on est debout. Aujourd'hui, les possibilités d'en faire un élément pratique à part entière sont vastes.

Du grès cérame en mosaïque pour une crédence originale faite maison.

Une belle composition de zelliges marocains dont le motif est valorisé par la clarté du plan en marbre.

Les matériaux

Pour habiller une crédence, on peut recourir à de nombreux matériaux à peu près à tout ceux qui sont susceptibles d'habiller un mur. La crédence peut se fondre dans l'agencement de la cuisine en s'habillant du même matériau que le plan de travail ou attirer l'attention grâce à un décor ou à une couleur particulière. Le matériau utilisé doit simplement supporter d'éventuelles éclaboussures d'eau, s'il est placé à proximité de l'évier, ou de graisses, s'il côtoie la plaque de cuisson. On remarque d'ailleurs que cette zone, particulièrement sollicitée, fait souvent l'objet d'un traitement différent. Quel que soit le matériau choisi, il doit pouvoir s'entretenir facilement d'un coup d'éponge. Parmi les matériaux auxquels on pense peu, le miroir habille les crédences en produisant beaucoup d'effet, surtout dans les petites cuisines, auxquelles il donne l'impression d'un espace deux fois plus grand. Contrairement aux idées reçues, le miroir n'est pas un matériau très cher et son entretien est moins contraignant qu'on ne le pense.

Les accessoires

De nombreux accessoires sont maintenant disponibles dans le commerce. Le principe de base comporte des barres fixées sur la crédence, sur lesquelles s'adaptent différents crochets aux fonctions diverses. Accrochage d'ustensiles multiples, de couteaux, de verres ou de tasses, de pots à épices, et même d'un pupitre pour livre de cuisine, les possibilités sont grandes. Méfiez-vous malgré tout de ne pas trop encombrer la crédence et indirectement le plan de travail, et ne vous laissez pas tenter par des accessoires qui peuvent se révéler inutiles. Par ailleurs, assurez-vous que ces équipements ne créent pas trop de zones d'ombre sur le plan de travail, dont l'éclairage provient le plus souvent de luminaires fixés ou encastrés sous les meubles hauts.

Les rangements

La crédence peut devenir un véritable espace de rangements, à condition de prévoir un plan de travail plus profond que les 60 cm traditionnels. En effet, l'adoption d'un plan de travail profond de 70, 80 cm, voire davantage, autorise un aménagement plus complet comprenant des étagères ou des casiers, mais aussi des éléments fermés à rideaux ou à portes coulissantes. Ces éléments peuvent aisément se contenter d'une profondeur de 20 cm et peuvent aussi contenir des appareils de petit électroménager comme la cafetière, le grille-pain, ou le robot de cuisine. Il suffit simplement de prévoir quelques prises électriques qui permettront de laisser ces appareils branchés et de les utiliser quasiment sur place. Outre l'aspect pratique, lié à leur utilisation, ce principe de rangement a l'avantage de libérer de la place dans les meubles de cuisine. Un tel aménagement de crédence n'est pas incompatible avec la présence de meubles hauts. En effet, la profondeur plus importante du plan de travail aura pour effet de faire "reculer" les meubles hauts, et de réduire ainsi leur encombrement.

Une grande profondeur de plan de travail rend possible l'aménagement des crédences en espaces de rangement, très pratiques pour y stocker tous le petit électroménager usuel.

La crédence se rend utile grâce à des accessoires aussi variés qu'utiles.

Relooker sa cuisine

On peut vouloir tout changer sans tout casser. Quelques transformations ponctuelles bien choisies peuvent radicalement modifier le décor de la pièce. A vous de faire jouer votre imagination pour vous offrir une nouvelle cuisine à moindre frais.

Le changement de couleur des murs suffit à transformer l'ambiance de la pièce en modifiant sa luminosité. Les façades de meubles, pourtant inchangées, semblent elles aussi avoir été repeintes.

La preuve par l'exemple. Carreaux de ciment pour l'un, bois de bout pour l'autre, le plan de travail détermine le style de ces deux cuisines dont l'agencement mobilier est identique.

Le budget nécessaire à l'agencement d'une cuisine étant toujours assez important, on peut espérer à juste titre que sa durée de vie soit relativement longue (en général au moins dix ans). Pourtant, les goûts évoluent, les envies changent, et il peut être désagréable de se retrouver avec une cuisine qui semble démodée, alors que son état général reste bon. Heureusement, il existe de nombreuses possibilités pour rajeunir une cuisine sans recourir à un changement complet, grâce aux nombreux accessoires et éléments secondaires de l'agencement.

Les éléments secondaires

Ce sont les éléments qui rentrent dans la composition d'une cuisine en complétant les bases que sont le revêtement de sol (dont le changement suppose la dépose totale du mobilier) et les meubles proprement dits. Ces éléments secondaires comprennent le plan de travail, la crédence et les plinthes. En effet, chacun de ces éléments peut être déposé, changé, modifié sans l'intervention obligatoire d'un professionnel et sans toucher à la structure de l'ameublement. Pourtant, ils sont déterminants pour l'ambiance générale de la cuisine : changez un plan de travail carrelé pour un plan en bois huilé, remplacez des plinthes blanches pour les mêmes en placage bois et habillez d'inox des crédences initialement carrelées, et vous constaterez que ces petites interventions modifient considérablement le style de la pièce. Ces changements nécessitent un peu de compétence en bricolage et un budget variable selon les matériaux choisis, mais ils ne sont pas les seuls que l'on puisse effectuer pour rajeunir sa cuisine.

Les accessoires

Ils sont nombreux dans une cuisine, des boutons de porte aux appareils d'éclairage, en passant par les corniches de meuble et les équipements de crédence. Ils sont en général très simples à changer et ne nécessitent pas un très gros investissement. Selon les cas, des corniches ou des cache-lumière peuvent être installés, changés, peints ou déposés. Si les plans de travail ne possèdent pas d'éclairage, installez-en un. S'ils sont déjà équipés, changez l'appareillage. Remplacez les tubes fluo classiques par des petits spots basse tension, l'éclairage prendra immédiatement un coup de jeune et gagnera en confort. Faites de même pour l'éclairage général de la pièce : à partir d'une alimentation en plafond, vous pourrez installer une suspension (idéale pour "intimiser" la pièce), un plafonnier (pour une ambiance classique peut-être un peu froide), une rampe de spots classique ou des spots basse tension sur câble (pour un éclairage orientable plutôt moderne). Les boutons et les poignées de porte sont incontestablement les plus faciles à changer dans une cuisine. De nombreux modèles sont disponibles dans les grandes surfaces de bricolage et les magasins de décoration. Dans le cas des poignées, prenez soin de mesurer l'entraxe des fixations pour utiliser les mêmes percements.

Déco d'ambiance

S'il est difficile de changer le revêtement de sol sans déposer l'ensemble des meubles, il n'en est pas de même avec le revêtement mural. Vous pouvez en effet repeindre les murs, les portes et les fenêtres sans aucun problème en prenant seulement soin de protéger l'ameublement en place et le revêtement de sol. Vous pouvez aussi poser ou déposer un papier peint ou du carrelage mural. Dans tous les cas, essayez de changer la couleur des matériaux que vous utilisez : poser un carrelage mural blanc en remplacement d'une peinture blanche ne changera pas l'ambiance de la pièce !

Le chauffage

Dans cette cuisine plutôt ouverte, le radiateur se place discrètement en situation intermédiaire dans le passage et devient vite un tableau d'affichage magnétique.

L'importance du chauffage de la cuisine varie en fonction du style d'agencement de celle-ci. Il est vrai que les besoins ne sont pas les mêmes selon qu'elle est petite et compacte ou conviviale, intégrant un coin repas ou une salle à manger. Lorsqu'elle est ouverte sur le reste de la maison, elle nécessite aussi une attention particulière pour ne pas créer d'inconfort.

Quels sont les besoins en chauffage d'une cuisine ?

Ces besoins varient d'une cuisine à l'autre. Lorsqu'elle se cantonne à son rôle utilitaire, la cuisine ne se pratique qu'à des moments bien précis de la journée (en particulier à l'heure de la préparation des repas !). Il paraît donc inutile de chauffer la pièce à longueur de journée puisque c'est une pièce où l'on ne séjournera pas vraiment. La notion de confort est bien différente dans une cuisine qui est aussi une pièce à vivre, susceptible d'être occupée à tout moment de la journée. C'est le genre de cuisine où l'on s'attarde, où l'on s'installe facilement entre les repas. Un chauffage efficace devient donc essentiel. Lorsque la cuisine est ouverte sur le reste de la maison, elle doit être chauffée de la même façon. Aucune différence de température ne doit se ressentir lors du passage d'une pièce à l'autre.

Où placer un radiateur ?

Il est quelquefois difficile de trouver le bon endroit pour installer un radiateur dans la cuisine, souvent par manque de place, la majorité des murs étant souvent équipée de meubles. Si la cuisine intègre un coin repas, le radiateur se placera de préférence à proximité, pour des raisons évidentes de confort. On évitera à la fois de le positionner à proximité des sources de chaleur (four et cuisson) comme des sources de froid : quoi de plus étrange qu'un radiateur à côté d'un réfrigérateur, chacun réduisant l'effet de l'autre à chaque ouverture de porte. Fixé en plinthe, il se fera plus discret, d'autant qu'il peut aussi avantageusement se placer en façade de socle de meubles. Dans la cuisine, le radiateur sert bien souvent à sécher les torchons. Pensez-y dès le départ et prévoyez des barres télescopiques à proximité. Evitez de poser vos torchons directement sur le radiateur, a fortiori s'il est électrique, cela pourrait être dangereux.

Le radiateur ancien d'origine se fait oublier dans cette cuisine aux couleurs de sorbet.

Option originale pour un radiateur initialement sèche-serviettes !

Un plancher chauffant convient-il à la cuisine ?

Le plancher chauffant est un système de chauffage particulièrement confortable, qui trouve aussi sa place dans la cuisine. En version électrique ou raccordé sur un chauffage central, il est noyé dans le sol et supprime les radiateurs, réduisant par ailleurs l'encrassement des murs. Il produit une chaleur homogène par rayonnement du revêtement de sol. Son principal inconvénient est d'avoir un temps de réaction un peu long aux variations de température. Son fonctionnement repose sur l'inertie du revêtement de sol, qui continue de restituer la chaleur accumulée même si le temps se réchauffe brutalement. Inversement, le chauffage ne devient réellement effectif que 24 heures après son allumage. L'implantation d'une trame de plancher chauffant se fait en fonction du futur agencement de la pièce. Dans le cas de la cuisine, on évitera de faire circuler la trame sous les meubles fixes. Chauffer le dessous des meubles ne semble pas être une priorité…

Un sèche-serviettes dans la cuisine ?

Si les radiateurs sèche-serviettes (électriques ou à eau chaude) s'intègrent de plus en plus souvent dans les salles de bains, il n'en est pas encore de même pour les cuisines. Il est vrai que si leur aspect pratique est indiscutable, leur esthétique devient contestable dans la cuisine, les serviettes étant remplacées par des torchons…

Support d'une table sur son côté courbe, l'îlot central dissimule des rangements et le lave-vaisselle côté cuisine.

Autour d'un îlot central

Un tel agencement nécessite naturellement beaucoup d'espace puisque l'îlot central impose une circulation périphérique. Qu'il soit technique ou simplement décoratif, il doit être suffisamment spacieux pour justifier son implantation.

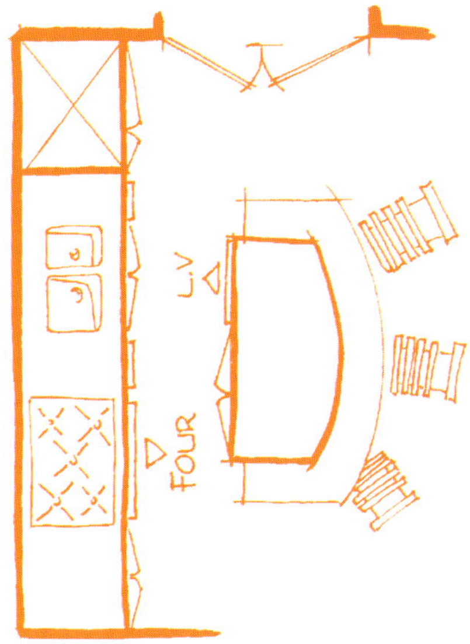

A l'identique du plan de travail, le plan de l'îlot central est couvert d'ardoise verte anglaise, alors que le plan table est en châtaignier massif verni.

Autour d'un îlot central

Ce type d'implantation particulièrement séduisante est malheureusement réservée aux grandes cuisines. En effet, si l'emprise au sol de l'îlot proprement dit peut se contenter de 1 m², il convient d'y additionner une surface minimale de circulation périphérique permettant d'ouvrir les portes et les tiroirs. Il occupe donc à lui seul près de 10 m² et ne s'adapte pas aux pièces petites ou étroites. Central dans une grande cuisine, il peut aussi devenir une bonne solution dans une cuisine ouverte, et marquer une séparation entre différents espaces. L'îlot central n'est pas seulement une fantaisie d'implantation, il peut aussi devenir un élément très pratique dans le fonctionnement de la cuisine. Simple îlot de préparation, îlot évier ou cuisson, il justifie sa place par une fonction toujours pratique.

Exclusivement composée de meubles bas, la cuisine se dissimule facilement derrière le plot central, qui en marque aussi la limite. Il supporte par ailleurs une spectaculaire table réalisée en partie en lave émaillée.

L'îlot de préparation

C'est le plus simple à installer car il ne nécessite pas d'installation de plomberie (alimentation et évacuation d'eau). L'alimentation électrique peut être envisagée pour brancher d'éventuels robots ménagers si leur place n'est pas prévue ailleurs dans la cuisine. Un tel îlot de préparation peut éventuellement être mobile. Monté sur roulettes, il se déplacera au gré des besoins. Lorsqu'il est composé de meubles fermés ou ouverts, l'îlot central devient vite une mine de rangements. Pour que ces rangements restent pratiques, il est essentiel que la circulation périphérique soit pensée en fonction de l'ouverture des meubles. En général, il est préférable que les portes ne dépassent pas 40 cm de largeur, surtout si elles s'ouvrent face à d'autres meubles de rangement (une largeur de passage

Technique, cet îlot central regroupe l'évier et la plaque de cuisson, cette dernière impliquant la création d'une grande hotte suspendue.

Voici une composition qui mérite à peine l'appellation d'îlot central puisque le plateau carré formant la table est raccordé à la périphérie par l'intermédiaire du plan évier.

Consacré au rangement, cet îlot central propose également un plan de travail utile au cœur de cette grande cuisine, dont les débordements composent deux plans table particulièrement pratiques.

confortable doit être au minimum de 90 cm). Au moment de l'implantation de la cuisine, faites attention à l'éventuel vis-à-vis du lave-vaisselle ou du four avec l'îlot central car l'ouverture de leur porte peut rendre la circulation difficile.

L'îlot de cuisson

C'est sûrement le plus fréquent des îlots car il est très pratique. Il nécessite un plan suffisamment spacieux autour des éléments de cuisson pour permettre le débord des manches de casseroles et la pose de plats et d'ustensiles indispensables. Les tiroirs à casseroles équipent avantageusement les meubles de rangement et permettent de tout avoir à portée de main. Son principal inconvénient est son aspect technique. En effet, son implantation nécessite un raccordement en électricité, et éventuellement en gaz, pour alimenter la plaque de cuisson. D'autre part, la hotte, indispensable au-dessus de la cuisson, devient un élément décoratif important puisque central. Sa taille est proportionnelle à celle du plan de cuisson, ainsi que sa puissance et sa hauteur. Plus efficace quand elle est raccordée sur l'extérieur, elle suppose le passage d'un tuyau d'évacuation qui est en général dissimulé par un faux plafond.

L'îlot évier

Moins fréquent, ce type d'îlot est souvent adopté par défaut, c'est-à-dire quand l'évier n'a pas trouvé sa place dans une implantation classique. Cette situation peut se présenter quand la place manque le long des murs ou que de trop nombreuses baies vitrées ou de simples portes empêchent le positionnement de l'évier. C'est le plus technique des îlots, car il suppose une intervention sur le sol pour y encastrer les alimentations et les évacuations d'eau. Dans une maison individuelle, cette installation est simplifiée par l'existence d'un sous-sol. Dans le cas d'un appartement, elle suppose souvent la surélévation du sol, ce qui n'est pas toujours réalisable. Encore plus que pour la cuisson, l'évier suppose un plan suffisamment large pour être vraiment pratique, 1,20 m est un minimum. Enfin, alimentation et évacuation d'eau permettent d'implanter également le lave-vaisselle, toujours plus pratique lorsqu'il est proche de l'évier.

Les matériaux de synthèse

Ils sont mal connus et souvent assimilés au plastique. Pourtant, ils sont bien plus que cela et concernent de nombreuses matières de plus en plus utilisées dans la cuisine pour la fabrication de bacs éviers, mais aussi de plans de travail. Ils sont légers, doux et chaud de contact, souples et très faciles à travailler. Leur inconvénient majeur reste leur prix, souvent équivalent à celui des matériaux de haut de gamme qu'ils essaient parfois d'imiter.

Les résines

Les résines existent à l'état naturel, sécrétées par des végétaux ou fossilisées sous forme d'ambre. Celles qui nous concernent dans le cadre des matériaux de synthèse sont artificielles et font partie de la famille des matières plastiques. Elles se composent en général de deux éléments : un durcisseur et un catalyseur qui, en se mélangeant, produisent une réaction chimique, reliant les molécules entre elles. La matière initialement liquide ou pâteuse se durcit. Sans addition d'autres éléments, les résines jouent la transparence et s'épanouissent dans de nombreuses couleurs. Les plus célèbres sont sans doute les acryliques, qui composent de nombreux sanitaires, et les polyesters, qui sont de plus en plus utilisés. Les résines époxy sont les plus résistantes et entrent dans la composition de matériaux tels que la moquette de pierre, dans laquelle elles sont associées à des granulats de quartz colorés. Lorsqu'elles sont liquides, les résines peuvent s'additionner de poudre de quartz, de silice ou de marbre. Les matériaux obtenus sont plus résistants, plus épais et plus durs. On les appelle les bétons de résine. Ils composent de nombreux éviers aux formes toujours plus élaborées.

Pierres de synthèse

Les mélanges de résine et de minéraux donnent également naissance à des matières très particulières, dont le Corian® est sans doute le plus célèbre. Créé il y a vingt-cinq ans par Dupont de Nemours, le Corian® a trouvé de nombreux concurrents au cours des dix dernières années. Ces matériaux ont beaucoup de qualités. Mis en œuvre par des spécialistes appelés des transformateurs, ils se façonnent comme du bois, se chauffent et se moulent comme du plastique, se découpent, s'assemblent et se sculptent. Ils autorisent toutes les créations, d'autant que les joints d'assemblage sont invisibles. Teintés dans la masse et satinés, ils sont agréables au toucher et faciles à

Le profil de l'évier dessiné dans le matériau du plan de travail se complète par l'addition de deux vasques fixées par le dessous.

De l'uni aux granités, les matériaux de synthèse offrent de nombreux visages.

entretenir. Sur le plan pratique, ils sont non poreux, imperméables, inodores, hygiéniques, résistants aux chocs de toutes sortes, aux fortes températures (jusqu'à 250° C), et aux produits chimiques. Seuls les chocs thermiques sont à éviter. Enfin, pour compléter cette longue liste de qualités, sachez que ces matériaux exceptionnels peuvent même être réparés en cas d'incident, et le plus souvent sans nécessiter de démontage. Ils ont peu de défaut, c'est vrai, mais le plus pénalisant d'entre eux est sans doute leur coût, qui reste important, en dépit de nombreuses années d'application. Le budget étant primordial dans le projet d'agencement d'une cuisine, ces matériaux de synthèse sont encore très souvent abandonnés au profit d'autres matériaux, plus économiques. Leur autre principal défaut est leur manque de personnalité. Il est vrai que leur surface lisse n'a pas le caractère d'une essence de bois, d'un granit ou d'une lave émaillée ; pourtant, son prix s'en approche parfois…

Réalisé en Corian®, ce billot est particulièrement hygiénique car le matériau combat la prolifération des bactéries.

Visible sur le chant, c'est un duo de deux teintes qui compose ce plan intégrant un billot de découpe.

Les tables et plans bar

Qui dit cuisine, dit repas. Il est donc difficile d'échapper au coin repas dans la cuisine. De la table de ferme entourée de nombreuses chaises au petit bout de plan rabattable ou escamotable, en passant par le plan surélevé façon bar, il est souvent indispensable de pouvoir se "poser" dans sa cuisine, ne serait-ce que pour le petit déjeuner ou l'en-cas avalé sur le pouce. Plusieurs éléments déterminent l'aspect du coin repas. La surface disponible, bien sûr, mais aussi le style de l'ameublement et l'agencement de la pièce.

Escamotable

Quand la cuisine est petite, la place de la table et de ses chaises est toute trouvée : c'est en dehors de la pièce ! Pour créer un petit coin table (le plus souvent pour y manger debout), la seule solution est de le prévoir rabattable ou escamotable, afin qu'il ne gêne pas la circulation et le fonctionnement de la cuisine. Rabattable, il sera fixé contre un mur. Escamotable, il se dissimulera dans un tiroir ou sous le plan de travail. A chaque fois, il restera secondaire, utile pour rendre service de temps en temps, mais ne peut absolument pas être considéré comme un coin repas à part entière.

Plan bar

La cuisine "à l'américaine" nous vient effectivement des Etats-Unis, d'où elle a émergé dans les années 30 grâce à des architectes précurseurs comme Franck Lloyd Wright. Le principe de base en est simple : l'une des cloisons de la pièce est remplacée par un comptoir, qui délimite l'espace de la cuisine proprement dit. Véritable charnière entre la cuisine et le reste de la maison, le plan bar devient un élément décoratif déterminant. Le plan bar n'est pas seulement un moyen d'ouvrir la cuisine, car il s'implante fréquemment au cœur de l'agencement quand la surface de la pièce le permet. Dans tous les cas, il permet de dissimuler une partie du désordre tout en créant un climat convivial. Aussi pratique et sympathique soit-il, le plan bar ne compose pas un coin repas idéal pour des jeunes enfants. Sa hauteur (environ de 1,20 m) et celle des sièges qu'il nécessite le rend difficile d'accès et inadapté à leur petite taille. De plus, les risques de chute ne sont pas négligeables. Finalement, le bar reste une affaire d'adultes !

Table et compagnie

L'idéal, lorsque la surface de la pièce l'autorise, est souvent d'avoir une vraie table entourée d'autant de chaises que possible. Malheureusement, il est de plus en plus rare que les cuisines d'aujourd'hui offrent cette possibilité. Quelques petits "trucs" d'agencement permettent alors de s'approcher de cette situation. Une table rectangulaire placée le long d'un mur occupera beaucoup moins de place (en particulier si elle se contente d'une largeur de 70 cm) et sera écartée du mur uniquement à l'heure des repas. Une autre solution consiste à intégrer, dans l'agencement de la cuisine, un plan fixé à une hauteur de table (soit environ 75 cm). Souvent identique au plan de travail, il a l'avantage d'être fabriqué sur mesure et prend donc toutes les formes possibles. Accroché en général contre les meubles, en angle ou contre un épi, il représente plutôt un gain de place, mais il est fixe et peu convivial. Dans le même ordre d'idée, un débordement du plan de travail par rapport aux meubles (sur le côté ou à l'arrière) peut également offrir un plan table. Mais attention, sa hauteur (environ de 90 cm) n'étant ni celle d'une table (75 cm), ni celle d'un bar (1,20 m), il nécessitera des sièges dont la hauteur est réglable.

Allure trompeuse pour ce plan bar en L. Conçu en carreaux de plâtre recouvert d'une mince couche d'enduit, il semble fait de pierre taillée.

Vision étrange et poétique d'une table qui semble sortir du mur.

La courbe bleue du bar semble répondre à celle du plafond. L'une et l'autre délimitent l'espace de la cuisine sans la fermer.

La sécurité des enfants

Voilà précisément ce à quoi un jeune enfant ne doit pas avoir accès. Bloque-porte et bloque-tiroir sont parfaitement adaptés à la situation.

S'il y a un seul tiroir à bloquer, c'est celui-là !

Il est toujours préférable de placer le four en hauteur. Installé en bas, il devra être équipé d'une porte froide isolante.

Plutôt qu'un tabouret instable, préférez un mini-escabeau dissimulé dans le socle, qui sera également très utile à toute la famille.

Protection efficace, ce système empêche l'enfant d'accéder aux récipients sur le feu et évite ainsi des accidents qui peuvent être très graves.

Paradoxalement, la maison peut devenir un environnement dangereux. Chaque année, de nombreux enfants sont touchés par des accidents domestiques plus ou moins graves, survenus dans le cadre de la maison. C'est sans doute dans la cuisine que les risques sont le plus nombreux et le plus variés : brûlure, pincement, coupure, électrocution, intoxication…, les possibilités sont multiples ! Les enfants ne sont pas des adultes miniatures, n'attendez pas d'eux qu'ils fassent attention ou prennent des précautions. Ils sont curieux et inconscients du danger. C'est normal, c'est de leur âge. C'est à vous de les protéger ou de les informer selon les cas. Voici les principaux pièges et quelques solutions pour les éviter.

- Pour éviter les pincements occasionnés par l'ouverture et la fermeture des portes et des tiroirs, prévoyez des bloque-portes. D'autre part, vous éviterez de voir atterrir votre vaisselle sur le sol si elle est accessible ou de jouer aux infirmiers après que votre enfant aura atteint les couteaux de cuisine…
- Mettez toujours les produits d'entretien hors de portée de main. L'idéal est de les ranger en hauteur, mais ils occupent malgré tout le plus souvent le dessous de l'évier. Prévoyez alors un bloque-porte ou un verrouillage à clef.
- Méfiez-vous des produits d'entretien rangés dans des contenants qui ne leur correspondent pas. Le grand classique dans ce domaine étant l'eau de Javel stockée dans une simple bouteille d'eau ou de jus de fruit : elle sera facilement interprétée comme de la citronnade, surtout par un enfant qui a soif !
- Attention aux risques de brûlures causées par des casseroles en train de chauffer sur la plaque de cuisson. Pensez à tourner les manches vers l'intérieur et prévoyez éventuellement une grille ou un rebord de protection.
- Méfiez-vous du four à micro-ondes, en particulier lorsqu'il s'agit de chauffer un biberon ou une bouillie. Vérifiez toujours la température avant de servir.
- Débranchez systématiquement les petits électroménagers comme le grille-pain ou la cafetière : il est trop tentant d'appuyer sur un petit bouton pour voir une lampe témoin s'allumer ou une résistance rougir !
- Faites en sorte que le gaz soit hors de leur portée, particulièrement s'il s'agit d'une bouteille. Dans le même ordre d'idée, rendez inaccessibles toutes les bombes aérosols qui sont toxiques, d'une part, et qui peuvent provoquer une explosion si elles sont utilisées à proximité d'une flamme, d'autre part.
- Enfin, autant que possible, positionnez votre four en hauteur. S'il est placé en bas, il est impératif de prévoir un modèle à porte froide.

Ne croyez pas qu'il s'agisse d'une vision pessimiste. Les enfants ont (heureusement !) beaucoup d'imagination et d'audace. La meilleure façon d'éviter le pire, c'est de le prévoir !

TECHNIQUE

Les fours

En partie basse, le four fait souvent partie intégrante d'un ensemble qui inclut la plaque de cuisson. De la cuisinière de base à l'équipement professionnel, il existe de nombreuses possibilités.

Four à vapeur pour les "pros" de la cuisine ou les "accros" de la diététique.

Les fours d'aujourd'hui sont particulièrement complets et de plus en plus faciles à utiliser. Une lecture attentive du mode d'emploi reste malgré tout indispensable pour appréhender leur fonctionnement ! Ils sont en général équipés de trois modes de cuisson différents, utilisables séparément ou associés deux par deux. Le programmateur reste incontournable, même si la plupart d'entre nous ne l'utilisent que très rarement. Le nettoyage des fours est facilité par différents moyens, dont la plus ou moins grande sophistication en fait varier le prix.

En quoi consistent les trois principaux modes de cuisson ?

La convection naturelle, la plus classique, est assurée par des résistances placées en haut et en bas du four. La chaleur la plus forte provient du bas et c'est elle qui assure la cuisson, tandis que celle venant du haut concerne surtout le dorage superficiel. Ce système est particulièrement adapté à la cuisson des tartes, tourtes et autres pizzas. La chaleur tournante est obtenue grâce à une turbine située au fond du four qui fait circuler l'air chaud produit par les résistances. Certains modèles possèdent également une résistance circulaire associée à la turbine. L'un des grands avantages de la chaleur tournante est d'obtenir une montée en température rapide du four (environ 6 mn pour atteindre 200° C). Elle permet par ailleurs la cuisson simultanée de différents plats sans mélange d'odeurs, à condition bien sûr que leur température de cuisson soit la même ! Comme son nom l'indique, le gril est indispensable à la préparation des grillades… Ce type de cuisson est obtenu grâce à une résistance haute qui produit un important rayonnement infrarouge vers le bas. Utilisé à pleine puissance, le gril nécessite l'ouverture de la porte du four.

Un piano de cuisson traditionnel pour passionnés de l'art culinaire. Son allure pro est renforcée par l'accumulation de cuivres.

A quand le four toujours propre ?

Le seul moyen de garder un four toujours propre... c'est de ne pas l'utiliser ! Il est donc utile de connaître les différents moyens de le nettoyer ou de limiter son encrassement. Le système de nettoyage par catalyse utilise un émail poreux qui habille les parois verticales du four. Ce revêtement détruit les graisses projetées sur ces parois pendant la cuisson tandis que la porte, le fond du four et les plaques lèchefrites devront être nettoyées manuellement. Ces plaques en émail sont en général amovibles pour pouvoir être changées, alors que certains fours s'équipent de plaques réversibles. Le nettoyage à pyrolyse équipe plus de 50% des fours français et s'effectue grâce à une montée en température du four à 500°c qui détruit les graisses et les sucs par carbonisation. L'opération dure environ 1 h 30 et entraîne le verrouillage de la porte du four. Ce système sophistiqué implique un surcoût d'environ 2 000 francs par rapport au four à catalyse. Certains fours venus d'Allemagne s'équipent d'un émail lisse, anti-adhérent et non poreux, qui diminue l'accrochage des saletés et des projections, qui se nettoient avec une simple éponge. Le nettoyage après chaque cuisson est indispensable. Enfin, sachez qu'un bon moyen pour ne pas passer sa vie à nettoyer son four consiste à cuire les aliments à l'étouffé dans un plat en terre fermé. C'est diététique et cela laisse le four impeccable !

Quel est la place du four ?

En France, la pratique la plus courante consiste à encastrer son four en hauteur. Situé à environ 80 à 90 cm du sol, c'est-à-dire à peu près au niveau du plan de travail, il offre l'avantage d'être inaccessible aux très jeunes enfants et son utilisation est confortable. Attention de ne pas le placer trop haut (par exemple au-dessus d'un réfrigérateur), car son emploi deviendrait inconfortable, voire dangereux. Il arrive que par manque de place le four se retrouve en position basse, sous la plaque de cuisson, à la manière d'une cuisinière. Sachez que ce type d'implantation nécessite un dégagement plus important devant l'appareil, puisqu'il faudra s'accroupir pour s'en servir. Un minimum de 1 m sera donc indispensable. D'autre part, en cas de présence de jeunes enfants, une porte isolante restant toujours froide est indispensable et évitera les accidents notamment les brûlures.

Pour que la pente de la verrière ne soit pas gênante, les plans de travail en bois sont profonds de plus de 80 cm.

La cuisine en pleine lumière

Il s'agit de cuisines qui bénéficient d'une lumière généreuse, souvent zénithale. Elles sont situées dans une véranda ou sous les combles et ont en commun un agencement plutôt bas, conditionné par des baies vitrées très présentes ou par une pente de toit interdisant tout agencement de meubles hauts.

La cuisine semble installée au cœur du jardin, tant la végétation est présente. Son agencement se compose uniquement de meubles bas.

La cuisine en pleine lumière

Traditionnellement, la cuisine a souvent été cantonnée dans la partie la plus reculée de la maison. Son rôle étant essentiellement domestique et utilitaire, il n'était pas envisageable de lui attribuer une situation privilégiée. Elle a longtemps dû se contenter d'une orientation au nord, le sud étant réservé aux pièces de réception. Le manque de lumière n'a pas été un inconvénient tant que la cuisine s'est cantonnée à son rôle de pièce de service. Depuis qu'elle devient un véritable lieu de vie, il en est tout autrement.

Sous les toits

En appartement ou dans une maison, la cuisine recherche désormais la lumière. Aménagée dans les combles, elle prend souvent une configuration particulière, la présence de la pente du toit favorisant l'implantation des meubles bas, le plan de travail n'excédant pas 90 cm de hauteur. Par contre, les meubles hauts sont plus délicats à placer et se transforment souvent en étagères sur mesure. Elle sera le plus souvent éclairée grâce à des fenêtres de toit aussi grandes que possible, afin de créer un effet véranda et de bénéficier d'une lumière généreuse. Placez-les de façon à obtenir une autre vue que celle du ciel, c'est-à-dire le plus bas possible dans la pente du toit. Pensez aux stores, pour maîtriser la lumière, mais aussi la chaleur. En effet, en fonction de l'orientation de la pièce, l'une et l'autre peuvent devenir problématiques à certaines heures de la journée.

Essentiellement meublée d'éléments bas, cette cuisine s'enrichit d'un plan de travail courbe destiné à faciliter l'accès à la fenêtre de toit.

Dans une véranda

Bon nombre de vérandas sont créées dans le cadre d'une extension de la maison, et il arrive fréquemment qu'elles soient consacrées à l'implantation de la cuisine. Plus que jamais, celle-ci doit devenir une pièce à vivre, véritable liaison lumineuse entre l'intérieur et l'extérieur. Lorsqu'elle est réussie, une véranda peut devenir une pièce vraiment exceptionnelle. Mal conçue, elle peut devenir invivable, glacière l'hiver et fournaise l'été. Elle n'est pas seulement un objet décoratif, elle est aussi le siège d'échanges thermiques importants qu'il ne faut pas négliger. La solution idéale consisterait à implanter une véranda en fonction de l'orientation et du climat local mais c'est malheureusement rarement le cas, l'implantation des vérandas se faisant en fonction d'une situation déjà existante. Selon les cas, vous aurez peut-être à lutter contre une forte chaleur l'été ou un froid polaire l'hiver.

Chaud dedans…

Stores et protections solaires sont indispensables, la solution la plus économique et… écologique étant de prévoir la présence d'un grand arbre à feuilles caduques à proximité de la véranda. Son feuillage fera de l'ombre en été et laissera passer les rayons du soleil en hiver grâce à ses branches dénudées ! D'une façon générale, évitez les arbres à feuillage persistant, leur ombre permanente serait une gêne en demi-saison et en hiver. Pour minimiser l'effet de serre et la condensation éventuelle (accentuée dans la cuisine par une importante production de vapeurs), aération et ventilation sont indispensables. Les entrées d'air se font en partie basse et l'évacuation de l'air chaud en partie haute. Des ouvrants de toiture (tabatières à ouverture électrique et automatique) permettent une ventilation parfaite.

Froid dehors…

Une cuisine véranda doit impérativement être chauffée l'hiver, sous peine de devenir une glacière. Une isolation adéquate est indispensable pour qu'elle ne devienne pas un gouffre à calories : double vitrage isolant et structure non conductrice (à rupture de pont thermique) sont un minimum. Côté chauffage, le plancher chauffant est une solution très confortable car il produit une chaleur homogène tout en supprimant la présence des radiateurs (atout indiscutable dans une cuisine !). Son seul inconvénient est de réagir lentement aux brusques variations de température.

Conçues simultanément, la cuisine et la véranda s'harmonisent parfaitement, les meubles de l'une encadrant les baies vitrées de l'autre.

Entièrement réalisée en MDF, cette cuisine exploite astucieusement la pente du toit en s'équipant de rangements originaux créés sur mesure.

Le bois

Matériau de construction et de décoration de choix, le bois occupe une place privilégiée dans la cuisine. Qu'il soit massif, plaqué ou simplement imité, qu'il soit d'essence commune ou plus rare, qu'il soit clair ou foncé, il s'intègre dans de nombreuses cuisines, tous styles confondus.

Le bois massif

Quand il compose des portes, voire des corps de meubles, il est réservé aux cuisines haut de gamme, ou à l'inverse artisanales. Contrairement à ce que l'on pourrait penser, cela ne correspond pas forcément à une situation idéale, ou du moins pas à un agencement tel qu'envisagé aujourd'hui. En effet, le bois est un matériau vivant, qui bouge, se dilate, et réagit aux variations de température et d'hygrométrie. Des corps de meubles fabriqués en bois massif subiront ces mouvements, particulièrement dans une cuisine où les variations de température et d'humidité sont fréquentes. L'agencement précis de meubles côte à côte devient difficile et source de problèmes. En fait, l'idéal est de réserver le bois massif soit aux portes, soit à un mobilier indépendant, type vaisselier ou bahut, chaque meuble menant alors sa propre vie. Le bois massif peut également s'utiliser en plan de travail. Dans le cas de la cuisine, on le rencontre le plus souvent sous forme de bois lamellé-collé. Obtenu, comme son nom l'indique, par collage de lames de bois entre elles, ce dernier est verni ou huilé pour un fini plus naturel. Le bois de bout est lui aussi traditionnellement employé pour fabriquer des billots de découpe.

Dérivés de bois

Ils sont nombreux à être utilisés dans les agencements de cuisine. Contreplaqués, plaqués, agglomérés, ils entrent tous dans la composition de meubles ou d'étagères. Le plus récent d'entre eux, et sans doute le plus intéressant, est le MDF, ou médium® (appellation déposé par le groupe Isoroy et devenu le véritable terme générique pour désigner le

Le MDF compose ici non seulement les meubles mais aussi les plans de travail. L'ensemble est soigneusement verni.

Ambiance classique pour cette cuisine qui marie le chêne à la pierre et à l'inox.

matériau). Composé de fibres de bois et de résine, ce matériau a de nombreuses qualités et bien peu de défauts. Voyez plutôt : très dense et extrêmement lisse, il se prête à toutes les finitions (vernie, laquée, teintée, lasurée…). N'ayant pas de sens de fil, il se travaille plus facilement que le bois et ne risque pas de se fendre. Les découpes les plus fantaisistes sont possibles, et, les chants ne nécessitant pas de placage, tous les profils sont imaginables. Il existe en qualité ignifuge (résistance au feu) et hydrofuge (résistance à l'humidité), et dans de nombreuses épaisseurs. On lui cherche encore des défauts. Le seul qu'on lui ait trouvé à ce jour étant peut-être un manque de personnalité et de relief dû à son mode de fabrication. Dans la cuisine, il compose l'ensemble des meubles ou seulement les portes, et il est parfois dissimulé sous une laque brillante. Naturel et simplement verni, il a une teinte dorée très douce qui se marie volontiers à l'inox, au chrome ou au verre pour créer des harmonies très actuelles. Attention, un plan de travail en médium® n'est pas sans risque dans la cuisine, car il nécessite un vernis au-dessus de tout soupçon pour être réellement étanche à l'eau et résistant aux chocs éventuels.

C'est du noyer qui compose les portes et les façades de tiroir de cette cuisine méditerranéenne.

Cette petite cuisine toute de bois vêtue est immédiatement évocatrice d'une ambiance bateau, grâce à ses portes persiennées et ses poignées en laiton.

Le plan de travail

Le plan de travail est essentiel dans la cuisine car, si son rôle esthétique est important, il doit avant tout être suffisamment résistant pour supporter les chocs, l'humidité et d'éventuels écarts de température. Les matériaux adaptés sont variés, chacun ayant des défauts et des qualités qu'il est important de connaître avant de faire son choix.

Le carrelage

C'est sans doute le plus connu des matériaux de plans de travail. Il faut dire que la grande variété de prix qu'il offre, associée à un choix esthétique très vaste, en fait un matériau particulièrement attirant. De nombreux carreaux sont adaptés à cet usage (excepté la faïence, qui est trop fragile), et certains fabricants proposent même des pièces spécialement conçues pour traiter les angles (sortants ou rentrants) et les chants. Le carrelage se pose sur un panneau de particules ou de contreplaqué qu'il est préférable de prévoir hydrofuge. Les joints doivent également être hydrofuges. Le seul véritable inconvénient que l'on reconnaisse au plan carrelé est l'irrégularité de sa surface, plus ou moins accentuée selon la taille des carreaux et la fréquence des joints.

Associé à des cuves collées par le dessous, ce plan en hêtre lamellé-collé compose un bel évier grâce à son façonnage particulier. Malgré les apparences, il est soigneusement huilé et non pas verni.

Le stratifié

Actuel et résistant, le plan de travail en stratifié est particulièrement associé aux cuisines contemporaines. Le revêtement décoratif qui habille un panneau de particules hydrofuge est épais de quelques millimètres seulement, mais il offre une grande résistance aux agressions quotidiennes. La gamme de décors est très vaste, même si la plupart des marques se contentent d'en proposer de 10 à 30. Le prix d'un plan stratifié varie beaucoup, en fonction de sa complexité : bien des choses sont réalisables (formes arrondies, cintrage, relevé mural...), il suffit d'y mettre le prix !

Le bois

Contrairement au stratifié, le bois est un matériau vivant qui nécessite quelques précautions de mise en œuvre pour qu'il soit adapté au plan de travail de la cuisine. L'eau est sa principale ennemie et il est indispensable d'en éviter, autant que faire se peut, toute stagnation sur le plan. Le lamellé-collé de hêtre est fréquemment employé en plan de travail. Il peut être verni, mais la finition huilée plus naturelle, devient de plus en plus fréquente. Elle nécessite l'application de plusieurs couches d'huile dès la mise en œuvre, éventuellement complétées par un léger ponçage entre chaque couche. Une application régulière préservera son aspect soyeux, la fréquence de cette couche d'entretien étant déterminée par l'importance des sollicitations que subit le plan.

Quelques astuces utiles

- D'une façon générale, évitez les matières lisses et brillantes car elles sont plus fragiles : en particulier, les rayures se voient beaucoup plus que sur un plan mat.
- Certains matériaux n'autorisent pas de modifications ultérieures (notamment lorsqu'il s'agit de changer un évier ou une plaque de cuisson). Si elles sont faciles sur des matériaux comme le bois, le stratifié ou le Corian®, elles sont très difficiles, voire impossibles, sur le carrelage, l'inox, le marbre, la pierre et le granit, la lave émaillée et certains matériaux de synthèse.
- Il peut être astucieux d'exploiter les qualités de différents matériaux pour composer un plan de travail vraiment pratique : le bois, beau mais plus fragile, sera réservé aux parties les moins sollicitées ; la lave émaillée, l'inox ou le granit seront parfaits pour le côté évier, alors que le marbre est idéal pour étaler de la pâte à tarte !

Une copie de carrelage ancien habille intégralement le plan de travail réalisé en béton.

Esthétique, cet assemblage d'angle de plans en bois lamellé-collé exige un savoir-faire certain.

Original en plan de travail, le bois de bout est habituellement réservé au billot ou au parquet. Ici, il est composé de plaques jointes par un mastic colle noir, à la façon d'un parquet pont de bateau.

DÉCORATION

Beau travail de façonnage pour ce plan de travail en ardoise traité par imprégnation et associé sobrement à l'inox.

Le traitement des déchets

Discrète, la poubelle se dissimule sous la table. Un peu petite, elle nécessite d'être vidée quotidiennement.

Dans cette cuisine au charme indiscutable, on a préféré la poubelle objet assortie à la déco plutôt que la dissimulation dans un meuble.

Un exemple de poubelle sélective dont chaque cuisine devra sans doute bientôt s'équiper.

La poubelle étamée trône fièrement sous l'évier et permet par la même occasion de dissimuler le siphon inesthétique.

En appartement ou dans une maison, le problème des déchets est incontournable. Que celui qui n'a jamais été de corvée de poubelle lève le doigt ! Qu'elles soient à descendre ou à sortir sur le trottoir, elles font partie de notre quotidien. Il faut dire que les 60 millions de Français que nous sommes produisent individuellement plus de 400 kg de déchets ménagers par an, soit un total national de 24 millions de tonnes de déchets annuels ! et il ne s'agit là que des déchets domestiques… Il n'est pas nécessaire d'être un expert en écologie pour percevoir le problème qui s'annonce : nous croulons sous nos ordures ; elles nous encombrent et nous envahissent. L'urgence est donc au tri et au recyclage.

Paradoxalement, il semble que les petites municipalités soient plus actives sur la mise en place du tri des déchets, alors que le problème est naturellement plus aigu dans les grandes villes, qui se contentent bien souvent de récupérer le verre et le papier. Malgré tout, la tendance est à la généralisation du tri sélectif individuel.

Prévoir le tri

La cuisine étant la grande productrice de déchets de la maison, c'est par elle que doivent commencer les réflexes de tri. Très courante en Allemagne, cette pratique est loin d'être acquise en France. Nous avons encore de gros progrès à faire…
Un système complet comporte plusieurs bacs : il s'agit en effet de trier le verre, le papier, les emballages plastiques, le métal et les déchets organiques, soit au moins cinq contenants différents ! D'où la nécessité d'en prévoir la place dès la conception de la cuisine. Compte tenu de leur nombre, ces contenants ont une capacité réduite qui correspond souvent à la durée d'une journée. L'avantage est de ne pas stocker trop longtemps des déchets dans une pièce où vit toute la famille. En général, les bacs sélectifs sont indépendants les uns des autres, mais solidaires de l'ouverture de la porte du meuble. Les systèmes les plus sophistiqués s'ouvrent à l'aide d'une pédale, ou sous la simple pression de la main ou du pied.

Traitement des déchets organiques

On appelle déchets organiques les déchets d'ordre végétal (épluchures, fleurs fanées…). Ce sont les plus faciles à traiter car ils sont naturellement biodégradables. Dans le cadre du tri, ils peuvent être simplement stockés séparément mais ils peuvent également être réduits grâce à un broyeur. Fixé sous n'importe quel évier équipé d'une bonde de 90 mm, celui-ci se raccorde aux eaux usées. Son utilisation est très simple : il suffit de faire couler de l'eau froide, de mettre le broyeur en marche et d'y vider les épluchures. Cette solution implique néanmoins de demander l'autorisation à la mairie car, même broyés, ces déchets peuvent perturber le fonctionnement des stations d'épuration. D'autre part, l'installation d'un broyeur nécessite l'intervention d'un bon professionnel et la mise en place de tuyaux d'évacuation d'au moins 32 mm de diamètre ayant une pente suffisante pour éviter le blocage de déchets.
Une solution particulièrement écologique consiste à stocker les déchets organiques dans un silo à compost. Réservé aux propriétaires de jardin, le silo à compost peut réduire d'environ 20% le volume des poubelles, mais aussi produire un excellent engrais pour les plantations. Ces équipements ont beaucoup évolué ces dernières années ; ils sont plus pratiques et plus esthétiques et permettent de maintenir une humidité et une chaleur qui accélèrent la décomposition naturelle des déchets organiques.

Les tables de cuisson

Une cuisson différenciée grâce à l'addition d'une plaque à induction, d'une friteuse et d'un gril, le tout encastré dans un plan en granit.

Un piano de cuisson à l'ancienne pour les grands amateurs d'art culinaire. La cuisson est dissociée du gril aux feux gaz en passant par l'étuve.

La table de cuisson est un élément essentiel de la cuisine. Qu'elle serve à faire bouillir de l'eau ou à mijoter un petit plat, elle est sollicitée quotidiennement. Elle doit par conséquent être sûre et pratique. Du gaz à l'induction, en passant par les plaques électriques ou vitrocéramiques, elles s'enrichissent parfois d'accessoires tels que gril ou friteuse. Le choix du système de chauffe est très personnel : certains restent des inconditionnels de la flamme du gaz, d'autres seront séduits par la sécurité et la facilité d'entretien de l'induction. Le prix est parfois déterminant, les plaques gaz étant facilement trois à quatre fois moins chères que celles à induction.

L'induction, comment ça marche ?

L'induction consiste à produire un champ magnétique à partir d'un aimant. N'importe quel objet métallique placé dans ce champ va s'échauffer alors que la plaque en verre, elle, restera froide. Celle-ci ne devient chaude qu'au contact de la casserole brûlante et refroidit très vite en l'absence d'éléments chauffants. Eclaboussures et débordements atterrissent donc sur une surface froide, ce qui en simplifie grandement le nettoyage. Sans récipient, la plaque à induction ne fonctionne pas. L'intérêt est donc évident pour la sécurité des enfants. L'un des atouts de l'induction est son extrême rapidité : moitié moins de temps que sur du gaz pour chauffer la même quantité d'eau. Sa montée très rapide en température est idéale pour saisir les aliments, mais elle permet aussi, grâce à des réglages très fins, de réussir les plats mijotés. Le seul inconvénient (mineur) de l'induction est qu'elle ne fonctionne qu'avec des récipients en métal perméables au champ magnétique. Verre, terre, émail, cuivre et certains inox sont donc inappropriés. Les casseroles doivent posséder le label "class induction", le meilleur moyen de s'assurer de leur qualité étant de placer un aimant au fond : en principe, il doit tenir...

Le gaz, toujours d'actualité

Grand classique, le gaz reste indétrônable et recueille toujours de nombreux suffrages dans le choix de la plaque de cuisson. Les adeptes apprécient l'aspect visuel de la flamme que l'on voit augmenter ou diminuer en fonction du réglage. Le plaisir que l'homme a depuis toujours de maîtriser le feu n'y est sans doute pas tout à fait étranger ! Le gaz permet de saisir comme de mijoter, et ce n'est certainement pas un hasard s'il équipe un grand nombre de cuisines professionnelles. Les plaques à gaz sont aujourd'hui plus sûres : elles sont en général équipées d'un thermocouple qui interrompt l'alimentation en gaz si la flamme s'éteint accidentellement.
Elles sont aussi plus confortables, en raison de l'allumage électronique possible d'une main, ce qui exclut les allumettes et les allume-gaz, au moins aussi longtemps qu'il fonctionne... l'allumage électronique étant très sensible à l'humidité, il arrive fréquemment qu'il rende l'âme prématurément !

La plaque vitrocéramique répond en symétrie à la vasque carrée de l'évier. Sa planéité l'intègre parfaitement au plan inox.

Sachez que l'on utilise rarement simultanément les quatre feux d'une plaque à cause de l'encombrement de poêles et des casseroles. Ils se justifient davantage implantés sur une plaque rectangulaire plus grande.

La cuisinière, le retour

L'indépendance de la plaque de cuisson, acquise depuis quelques dizaines d'années, se voit entamer par le retour de l'esprit cuisinière. Le choix de cette dernière affirme le rôle de la cuisine comme lieu convivial destiné à la préparation de bons petits plats. La nostalgie de la cuisine d'autrefois n'est naturellement pas étrangère à cette démarche, mais les cuisinières d'aujourd'hui ne sont pas obligatoirement rétro et l'inox s'impose de plus en plus pour s'intégrer à des cuisines contemporaines. Leur profondeur (entre 60 et 70 cm) et leur hauteur (entre 85 et 90 cm) facilitent leur association avec des meubles de cuisine standards. Si les modèles les plus classiques s'équipent de feux gaz, on trouve maintenant des cuisinières équipées des toutes dernières techniques. Leur individualité leur permet de particulièrement bien s'intégrer dans des cuisines conviviales ou déstructurées, dont elles deviennent souvent la vedette.

Esprit à l'ancienne mesuré pour ce piano de cuisson encastré dans un renfoncement et surmonté d'une vaste hotte.

CRÉDITS PHOTOGRAPHIQUES

Nous adressons nos remerciements à tous les fabricants et distributeurs, aux architectes et aux créateurs, grâce auxquels nous avons pu illustrer cet ouvrage.

H : haut / **B** : bas / **G** : gauche/ **D** : droite / **M** : milieu

Couverture : photo Charly Erwin

1 photo Gilles Trillard

2 architecte Thierry Monge/ photo Philippe Louzon

5 architecte Philippe Dard/ photo Philippe Louzon

7 création Christian Basquiat/ photo Yves Robic

8 photo Yves Robic

10/11 création Nicolas Richardson/ photos Philippe Louzon

12 architecte J-B Boisset/ photo Gilles Trillard

13 **H** architecte Philippe Lair/ réalisation atelier Richard Boyer/ photo Philippe Louzon **B** architecte Thierry Mazelier/ photo Antonio Duarte

14 **G** piano Lacanche/ photo Charly Erwin ; **D** Roche Bobois

15 conception Julien Rondineau pour VR/ photo Yves Robic

16 **H** photo Yves Robic ; **B** architecte Eric Vialatel/ photo Yves Robic

17 photo Patrick Smith

18 **HG** décoration LGP/photo Yves Robic ; **HD** conception Imaginne/ photo Philippe Louzon ; **B** architecte Anne Deniel/ photo Philippe Saharoff

19 **G** photo Philippe Louzon ; **D** photo Patrick Smith

20 **G** création Villa Paris/ photo Yves Robic ; **D** photo Yves Robic

21 **G** Blanco ; **HD** photo Philippe Louzon ; **BD** Italia Cucine

22/23 architectes Drôle de trames/ photos Yves Robic

24 **H** architecte Cécile Jeannerod pour atelier 46/ photo Yves Robic ; **B** Roche Bobois

25 **H** conception François Marques/ photo Gilles Trillard ; **B** architecte C. Marty/ photo Philippe Louzon

26 **G** photo Yves Robic ; **D** photo Charly Erwin

27 photo Gilles Trillard

28 **H** Castorama ; **B** Mobalpa

29 **HG** photo Philippe Louzon ; **HD** Ikea ; **B** photos Gilles Trillard

30 **HG** Alpi ; **HD** photo Didier Delmas ; **B** photo Charly Erwin

31 Ikea

32 **G** Grohe ; **D** photo Patrick Smith

33 **G** Jado ; **D** photo Vincent Thibert ; **B** Blanco

34/35 architecte Isabelle Poulain/ photos Gilles Trillard

36 **G** photo Didier Delmas ; **D** architecte François Blanchard/ photo Yves Robic

37 **H** architectes K.Verdier et A.Rebière/ photo Antonio Duarte ; **B** photo Christian Larit

38 **G** photo Daniel Faure ; **D** architecte J-R Couradette/ photo Yves Robic

39 **H** architecte J-R Couradette/ photo Yves Robic ; **BG** création Alain Vagh/ photo Philippe Louzon ; **BD** Hardy

40 **H** architecte Michel Soler/ photos Philippe Louzon ; **B** photo Philippe Louzon

41 photo Philippe Louzon

42 **HG** conception D.Dulac/ photo Charly Erwin ; **HD** Mobalpa ; **BG** photo Patrick Smith ; **BD** Gaggenau

44 **G** conception Elsa et Georges Giraud/ photo Philippe Louzon ; **D** Gaggenau

45 **G** architecte J-R Couradette/ photo Yves Robic ; **D** conception B.Garnier/ photo Yves Robic

46/47 architecte MPDP/ photos Yves Robic

48 **H** photo Yves Robic ; **B** architecte Philippe Lair/ photo Yves Robic

49 **H** photo Yves Robic ; **B** Mobalpa

50 **G** Fidenza Vetroarredo ; **D** atelier Jacques Gray/ photo Charly Erwin

51 **HG** Castorama ; **BG** Mobalpa ; **D** architecte Thierry Monge/ photo Philippe Louzon

52 création Yornop/ photo Philippe Louzon

53 **HG** Ikea ; **HD** photo Philippe Louzon ; **BG** photo Yves Robic ; **BD** Lapeyre

54 **HG** Mobalpa ; **HD** Roche Bobois ; **B** Mobalpa

55 Mobalpa

56 **G** Scholtes ; **H** architecte Arnaud Perillat/ photo Philippe Louzon ; **B** Smeg

57 **G** création atelier Richard Boyer/ photo Thierry Favetier ; **D** Zanussi

58/59 garde-corps Vincent Belloc/ photos Yves Robic

60 **G** photo Christophe Raynaud de Lage ; **D** photo Didier Delmas

61 **H** photo Didier Delmas ; **B** photo Antonio Duarte

62 **G** carrelages Pierre Basset/ photo Franck Bel ; **D** création Villa Paris/ photo Yves Robic

63 **G** conception Elsa et Georges Girault/ photo Philippe Louzon ; **D** architecte Eric Vialatel/ photo Yves Robic

64 **H** architecte Philippe Lair et Chantal Hermann/ photo Yves Robic ; **B** architecte Philippe Dard/ photo Yves Robic

65 **H** architecte J-R Couradette/ photo Yves Robic ; **B** Ikea

66/67 photos Yves Robic

68 photo Christophe Raynaud de Lage

69 **G** photo DR ; **D** Castorama

70/71 création atelier Richard Boyer/ photo Philippe Louzon

72 **H** création Alain Vagh/ photo Philippe Louzon ; **B** architecte J.Carchon/ photo T. Dhellemmes

73 **H** Ikea ; **B** architecte M.A Cuel et C. Delaby/ photo Philippe Louzon

74 Corian, Dupont de Nemours

75 **H** réalisation Francis Morales pour Acropole/ photo Charly Erwin ; **B** Polyrey

76 **G** réalisation Yornop/ photo Philippe Louzon ; **D** création P. Bauemlin/ photo Patrick Smith

77 architecte Eric Chabeur/ photo Charly Erwin

78 **HG** Schmidt ; **HD** Mobalpa ; **B** Lapeyre

79 **G** Castorama ; **D** Mobalpa

80 **G** Miele ; **D** Architecte Michel Soler/ photo Philippe Louzon

81 conception Ken Hom/ photo Yves Robic

82/83 architecte Jean Le Cloarec/ photos Philippe Louzon

84 **G** création Georges Bureau/ photo Gilles Trillard **D** photo Christian Larit

85 architecte E.Delaby/ photo Philippe Louzon

86 **G** architecte J-R Couradette/ photo Yves Robic ; **D** photo Yves Robic

87 **H** photo Yves Robic ; **B** décorateur P. Guigues/ photo Olivier Hallot

88 **H** architecte J-R Couradette/ photo Yves Robic ; **B** photo Philippe Louzon

89 **H** photo Yves Robic ; **BG** architecte Jacques Baylac/ photo Yves Robic ; **BD** photo Yves Robic

90 **HG** décoration LGP/ photo Yves Robic ; **HD** Mobalpa ; **B** architectes Reine Sagnes et J-M Pettes/ photo Yves Robic

91 photo Philippe Louzon

92 **G** photo Charly Erwin ; **D** piano Lacanche/ photo Yves Robic

93 **H** architecte Gil Percal, réalisation atelier Richard Boyer/ photo Philippe Louzon ; **B** photo Charly Erwin

95 photo Patrick Smith

96 conception Pescatore/ photo Charly Erwin

4ème de couverture : architecte MPDP/ photo Yves Robic

16/18, rue de l'Amiral-Mouchez – 75686 Paris Cedex 14.
Tél. 01 45 65 48 48.

Conception graphique : Tristan Duhamel
Gravure : RVB Éditions

ISBN : 2-7072-0420-X